www.ingramcontent.com/pod-product-compliance
Lightning Source LLC
Chambersburg PA
CBHW021805220426
43662CB00006B/193

هر چه کمتر کنه فروغ جبین باغ را گرم از تو بینی
سوی مغرب چو راه نه خورشید سایه‌ها را دراز تر بینی

سایهٔ عمر

رهی معیری

سایه عمر

مجموعهٔ شعر از

رهی معیری

Ibex Publishers,
Bethesda, Maryland

سایه عمر

رهی معیری

The Shadow of Life
Poems by Rahi Moayeri

All Rights Reserved

All rights reserved. No part of this book may be reproduced or retransmitted in any manner whatsoever, except in the form of a review, without written permission from the publisher.

ISBN: 978-99942-834-9-1

Manufactured in the United States of America

The paper used in this book meets the minimum requirements of the American National Standard for Information Services—Permanence of Paper for Printed Library Materials, ANSI Z39.48-1984

Ibex Publishers, Inc.
Post Office Box 30087
Bethesda, Maryland 20824
telephone: (301) 718-8188
www.ibexpublishers.com

سایهٔ عُمر

بر معرفت استوار کُن، پایهٔ عمر
وز دست مده، نقد گرانمایهٔ عمر

با دیدهٔ انصاف نگر، تا بینی:
خورشید هنر دمیده، از سایهٔ عمر

صبا

سایه عمر

هر چه کمتر تفکر و فروغ حیات
رنج را جانگداز تر بینی

سوی مغرب چو روگنه خورشید
سایه ها را درازتر بینی

رهی معیری

فروردین ماه ۴۴ ۱۳ شمسی

فهرست مندرجات کتاب

مقدمه	پنج
آفتابی در میان سایه‌ای	چهارده
ترجمهٔ احوال	نوزده
غزل‌ها	۱
چند تغزل	۱۱۳
منظومه‌ها	۱۳۱
چند قطعه	۱۴۹
ابیات پراکنده	۱۷۳
چند رباعی	۲۰۵
توضیحات	۲۲۵
فهرست اشعار	۲۳۷
فرهنگ لغات	۲۳۹

بیوك نام كوچك رهی بوده است. «بیاد رهی صفحه ۴»

بقلم : جناب آقای دشتی

رهی از شیفتگان سعدی است، بحدی که پس از انتشار « نقشی از حافظ » با همهٔ احترام و ستایشی که بحافظ داشت ، احساسی که میتوان آنرا نوعی رشك و غیرت نامید در وی پدید آمد که چرا این نوشته دربارهٔ سعدی فراهم نگشته است ؟ و در نتیجه بیش از سایر ستایشگران سعدی ، با ابرام و الحاح به «قلمرو سعدی» روانه‌ام ساخت.

فرط عشق به سعدی، سخنوری را از رنگ و بوی شیوهٔ استاد برخوردار کرده و مزایای غزلسرای بزرگ، در گفته‌های رهی متجلی و متلالاٰ است.

سادگی ، روانی ، مراعات نظم جمله که به ترکیب کلام روشنی و شفافی می‌بخشد، بکار بستن تناسب‌های لفظی در حد اعتدال و تا اندازه‌ای که بسخن عذوبت و طراوت میدهد ، همه در گفته‌های او دیده میشود:

تو تماشاگه خلقی و من از بادهٔ شوق
مستم آنگونه ، که یارای تماشایم نیست

بسراپای تو ، ای سرو سهی قامت من
کز تو فارغ سر مویی بسرا پایم نیست

چه نصیبی‌است، کز آن چشمهٔ نوشینم هست؟
چه بلائی‌است، کز آن قامت و بالایم نیست؟

اشك سیمینم بدامن بود ، بی سیمین تنی
چشمِ بیخوابی ، ز چشمِ نیم خوابی داشتم

✧

عمری ز مهرت ای مه ، شب تا سحر نخفتم
دعوی ز دیدهٔ من ، وز اختران گواهی

✧

تو ای ستارهٔ خندان ، کجا خبر داری؟
ز نالهٔ سحر و گریهٔ شبانهٔ ما

✧

بگریه بر سر راهش فتاده بودم دوش
بخنده گفت : از این رهگذر چه میخواهی

✧

از بسکه با جان و دلم ، ای جان و دل آمیختی
چون نکهت از آغوش گل، بوی تو خیزد از گِلم

✧

بدین امید کــه پا بر سرم نهی روزی
برهگذار تو ، چون سایه مسکن است مرا

✧

گر تو را با ما تعلق نیست، ما را شوق هست
ور تو را بی ما صبوری هست، ما را تاب نیست

باقتفای شیخ :

از برم آن سرو بالا میرود
صبرم از دل میرود تا میرود

تا گزیند جای در چشم رقیب
همچو اشک از دیدهٔ ما میرود

چون شمع نیمه جان، بهوای تو سوختیم
بــا گریه ساختیم و بپای تو سوختیم

اشکی که ریختیم ، بیاد تو ریختیم
عمری که سوختیم ، برای تو سوختیم

✡

گرچه درکارم چوانجم، عقده‌ها باشد رهی
چهرهٔ بگشاده‌ای ، چون صبحدم باشد مرا

آنچه بخاطر دارم، رهی را میتوان چهارمین غزلسرائی از متأخرین بشمار آورد که در اقتفای اثر شیخ، موفق بیرون آمده‌اند: هلالی و فروغی بسطامی در سادگی و روانی ، سومی معتمدالدولهٔ نشاط که پختگی حافظ نیز در غزلهای وی دیده میشود و اینک رهی معیری که بحریم استاد نزدیك شده‌است، ولی با این تفاوت آشکار که بحد زیاد و محسوسی ، نازك خیالی غزلسرایان سبك هندی در گفته‌های وی دیده میشود. و باید اضافه کرد که پیوسته میان سعدی و پیروانش این تفاوت هست که از گفته‌های وی ، شادابی و جوانی میتراود و کمتر بعجز و ناله میگراید.

بهمان گونه‌ای که دکتر صورتگر فردوسی را میستاید و برتر از دیگر شاعرانش میداند و امیری فیروز کوهی صائب را دوست دارد و بر سایرین رجحانش میدهد، یا مرحوم وحید دستگردی نظامی را «سخن سالار» شاعران پارسی میگفت، رهی بسعدی روی آورده، ولی با این خصوصیت که در پسند خود متعصّب و متحجّر نشده است: او استادان سخن را نه تنها دقیقاً خوانده و مطالعه کرده بلکه بسیاری از آنها را چشیده ، پذیرفته ، و از آنها فیض گرفته است.

قطع‌نظر از نظامی که پس از سعدی مقتدای‌هنری اوست ، گاهی از سایر شاعران بزرگ که در مداری دیگر سیر میکنند و بکلی از سبک شیخ و نظامی دورند بوجدوشوق می‌آید و آثار آنها در پاره‌ای از گفته‌های وی دیده میشود ، چنانکه در چندسال اخیر گاهی غزل‌هائی سروده است که گرمی زبان مولانا از آن ساطع است ، نهایت توجه محسوسی که بآرایش لفظی دارد و دقتی که در جمله‌بندی بکار بسته است ، بخواننده میفهماند که سراینده ، شوریدهٔ معروف قونیه نیست ، بلکه هنرمندیست که تحت تأثیر دم گرم مولوی قرار گرفته است نمونه :

ساقی بده پیمانه‌ای ، زآن می که بی‌خویشم کند
بر حسن شورانگیز تو ، عاشق تر از پیشم کند

زآن می که در شبهای غم ، بارد فروغ صبحدم
غافل کند از بیش و کم ، فارغ ز تشویشم کند

نور سحر گاهی دهد ، فیضی که میخواهی دهد
با مسکنت شاهی دهد ، سلطان درویشم کند

سوزد مرا سازد مرا ، در آتش اندازد مرا
وز من رها سازد مرا ، بیگانه از خویشم کند

برای کسانی که شعر نمی‌گویند و طبعاً در سبکی مستقر نشده‌اند و تصلبی در ذوق ندارند ؛ پسندیدن شعر خوب ، در هر شیوه‌ای قرار گرفته باشد ، دشوار نیست ولی برای گویندگانی که بسبک خاصی گرایش دارند و طبع آنها روشی را پذیرفته است، این امر چندان آسان نیست. ولی ذوق نرم و متحرک رهی ، را کد نمانده و خوبی را در استادان سبک‌های متغایر چشیده و از اینرو سخن او از فیض آنان رنگین شده است .

هشت

یکی از بزرگانی که برطبع و ذوق رهی، اثری محسوس گذاشته حافظ است. علاوه برحسن ترکیب، وقار تعبیر و مناعت روح که در بسیاری از غزلهای رهی دیده میشود، گاهی تعبیرات خاص خواجه را نیز در ابیات وی می بینیم:

رهی : گه شکایت از گلی، گه شکوه از خاری کنم
من نه آن رندم که غیر از عاشقی کاری کنم

حافظ : من نه آن رندم که ترک شاهد و ساغر کنم

رهی : با یاد رنگ و بوی توای نو بهار عشق
همچون بنفشه، سر بگریبان کشیده‌ام

حافظ : با یاد نرگست، سر سودائی از ملال
همچون بنفشه، بر سر زانو نهاده‌ایم

در اشعار رهی، گاهی به ابیاتی برمیخوریم که گوینده بحریم خواجه نزدیک شده، پختگی تعبیر و ظرافت فکر و انسجام کلام حافظ در او اثر گذاشته است. مانند:

خاک پای آن تهی دستم، که چون ابر بهار
بر سر عالم فشاند هرچه پیدا میکند

*

از حریم خواجهٔ شیراز می‌آیم، رهی
پای تا سر مستی و شورم، سرا پا آتشم

*

دوش تا آتش می، از دل پیمانه دمید
نیمشب، صبح جهانتاب ز میخانه دمید

روشنی بخشِ حریفان مه و خورشید نبود
آتشی بود کـه از بادهٔ مستانـه دمید

جلوه‌ها کردم و نشناخت مرا اهل دلی
منم آن سوسن وحشی ، که بویرانه دمید

آتش انگیز بود بادهٔ نوشین ، گوئی
نفسِ گرم رهی ، از دلِ پیمانه دمید

پس از سعدی ، صائب و نازک خیالی‌های غزلسرایان شیوهٔ معروف به هندی، بر نبوغِ حساس و تأثیرپذیر رهی اثر کرده است. بطوری که می‌توان وی را بطور طبیعی و فطری در این شیوهٔ از سخن قرار داد ، ولی توجه به استحکام کلام و انسجام جمله، او را از این طایفه ممتاز می‌سازد بطوری که می‌توان گفت : مضمون آفرینی و دقتِ خیال و تشبیهاتِ بدیع آنها را در قالب زبانِ فصیح شیخ ریخته است .

شواهد زیر نمونه‌ای است از ابیات زیادی که در غزلهای او پراکنده‌اند باریک خیالی و مضمون‌های دقیق را در قالب الفاظ منسجم و پخته ریخته است:

از چو من آزاده‌ای الفت بریدن سهل نیست
می‌رود با چشم گریان ، سیل از ویرانه‌ام

بار خاطر نیستم روشندلان را چون غبار
بر بساطِ سبزه و گل ، سایهٔ پروانه‌ام

*

زندگی خوشتر بود در پردهٔ وهم و خیال
صبح روشن را صفای سایهٔ مهتاب نیست

*

خفته از مستی بدامان ترم آن لاله روی
برق از گرمی در آغوش سحاب افتاده است

*

گرچه خاموشم، ولی آهم بگردون میرود
دودِ شمعِ کشته‌ام، در انجمن پیچیده‌ام

میدهم مستی به دلها، گرچه مستورم زچشم
بوی آغوش بهارم، در چمن پیچیده‌ام

*

کج نهادان را زکس باور نیاید حرف راست
عیبِ خود بی‌پرده گفتم، پرده‌داری شدمرا

برخلاف تصور بعضی که خیال می‌کنند زبان فارسی دچار اختلال و شاید تنزل گردیده‌است، دورهٔ ما از دوره‌های تحول زبان است ومخصوصاً زبان شعر در نیم قرن اخیر، فصیح‌تر و استوارتر از قرن‌های بعد از حافظ گردیده است.

غیر از شاعرانی چون سروش اصفهانی، صبای کاشانی، ادیب‌الممالک، ادیب پیشاوری، بهار وصورتگر که شیوهٔ فصحای خراسان را بکار بسته‌اند، شاعران بزرگی چون ایرج میرزا و پروین اعتصامی با سبک مخصوص بخود در چند قرن اخیر بی‌نظیرند.

زبان غزل که پس از حافظ دچار وهن و سستی گردیده بود و حتی تلاش جامی وطبع رقیق صائب هم نتوانستند فصاحت سعدی و بلاغت حافظ را زنده کنند، در شصت هفتاد سال اخیر بطرف کمال و پاکی رفته، گاهی از سرایندگانی چون رعدی غزل‌هی خوانده میشود که بسهولت میتوان بجای غزل‌هی جزیل و خوش آهنگ از حافظ گذاشت. یا همان بار یک خیالی‌های صائب را با ترکیباتی منسجم و استوار، در غزل‌های امیری فیروز کوهی میتوان یافت. همچنین نوپردازانی چون فریدون توللی و نادرپور وشرف خراسانی

یازده

از حیث فصاحت بیان، استواری کلام، جزالت ترکیب در حد اعلای بیان رسیده اند «اگر در این باب نامی از دیگر گویندگان خوب نمی برم از بیم درازشدن سخن است.»

بدون تردید یکی از کسانی که به پاکی لفظ و حسن ترکیب موصوف است، رهی معیری است که در سخن او کمتر به ترکیب سست و تعبیر فرو افتاده مواجه میشویم. رهی علاوه بر غزل، قطعات و مثنویهائی دارد که ابتکار و بدعت ویرا در مضمون آفرینی ظاهر میسازد و شاید از این حیث ارزش آنها بیش از غزلها باشد، مانند قطعه هائی که در این دفتر تحت عنوان «شاخك شمعدانی»، «گنجینهٔ دل»، «دشمن و دوست» مخصوصاً «خلقت زن» قرار دارد. این قطعه متانت ترکیب، ظرافت تعبیر، مهارت توصیف مقتدای دوم او، یعنی نظامی گنجوی را بخاطر می آورد.

در همه جا و در همهٔ قطعه ها، پاکی سخن و زبر دستی تلفیق دیده میشود.

٭٭٭

رهی را بر سایر گویندگان معاصر مزیتی است انکار ناپذیر، و آن اثر محسوسی است که در ترانه ها و تصنیف ها گذاشته است. چه باید اعتراف کرد که تصنیف بحال زار و تباهی افتاده بود، زیرا غالب کسانی که بدین کار دست میزدند یا شاعر نبوده فقط مختصر قریحهٔ نظم داشتند، یا موسیقی نمیدانستند و رهی از هر دو بهره مند است: هنر انشاء و قریحهٔ موزون خود را در تصنیف ها بکار انداخته و ساخته های طبع وی در نظر اهل نظر، ارزش خاصی دارد. نباید فراموش کرد که اخیراً نوعی وارفتگی، بلکه از هم در رفتگی در اغلب ترانه ها دیده میشد که بخوبی نشان میداد گویندگان نتوانسته اند دوام

دوازده

یك فكر و توالی یك احساس را در تصنیف مراعات كنند و غالباً برای پیروی از آهنگ ناچار شده‌اند به هر تركیب سستی دست زنند و دو مصراع كه با یكدیگر تناسب و انسجام ندارد پشت سر هم قراردهند، بطوریكه مَثَلِ «آسمان و ریسمان» را به خاطر شنونده می‌آورد و این ناجوری كلام و سستی تركیب، اثر آهنگ موسیقی را نیز از میان می‌برد.

ولی رهی همان دقت و ظرافت اسلوب شعری خود را در ترانه‌ها نیز به کار بسته و ترانه را از سقوط در ابتذال نگاه داشته است.

✧✧✧

نمی‌دانم ادب، حسن سلوك و ظرافت رهی در معاشرت، مرا تحت تأثیر قرار داده است و یا راستی شیوهٔ سخن او چنانكه تصور كرده‌ام پخته و منسجم است و بطوری كه در این دفتر ملاحظه می‌كنید، یكدست و كمتر دچار غث و ثمین گردیده است. علاوه بر موزونی طبع، خوبی كلام او، نتیجهٔ مطالعهٔ زیاد در دیوان استادان سخن و احاطه‌ای است كه برگرفتهٔ آنان دارد و در عین حال تمام غزلسرایان بعد از حافظ را دقیقاً مرور كرده است و از اینرو به انتخاب كلمه و تركیب جمله، به حد وسواس اهمیت می‌دهد. و این موهبت را نیز داراست كه با نظر انتقاد به گفته خود نگریسته، در تغییر و اصلاح آن اهتمام میورزد و شاید به همین دلیل، تحفهٔ سخنش بیش از هر شاعر دیگر معاصر در موسیقی و رادیو گذاشته می‌شود.

شهریورماه ۱۳۴۳
ع. دشتی

آفتابی در میان سایه‌ای

رهی نغمهٔ آتشین، ساز کرد
زبان را، چو نی، نغمه پرداز کرد

در این آتشین نغمه، گلزارهاست
گل و لاله اینجا، بخروارهاست

سخن، با همه فرّ شاهنشهی،
همانا که باشد «رهی» را، رهی

به جان میبرد آنچه فرمان اوست
وز آن سرفراز است، کز آن اوست

رحیق غزلهای خوشتر ز نوش
به جانها، به پیماید از جام گوش

سخن‌هائی از می، طربناک‌تر
ز آئینهٔ صبحدم، پاک‌تر

ببال سخن، بر شده بر فلک
سخن آسمانی سرا، چون مَلک

چهارده

بیامی ، رهی پای بگذاشته است
کز آن ، نردبان دست برداشته است

کسی ، کی توانـد رسیدن بآن
که بر روی بامـی است بـی‌نردبان

***

بیا همچو بلبل ، برآور نشید
نشید از زبان تـو بـایـد شنید

بیا ، از سخن همچو تازه بهار
گُل و لاله و سنبل تازه ، آر

ر نو گُلستانی ، خوش و تازه کن
جهانرا ، چو بلبل پـرآوازه کن

حدیث کهن ، از تو ، نو پرتو است
که چون نوبهار ، آنچه آری، نواست

***

بهم هرچه زیباست ، آمیختند
وز آن مایه ، طبع تورا ریختند

پانزده

حرارت ز آتش ، روانی ز آب
لطافت ز گُل ، گرمی از آفتاب

ز کوه ، استواری و پایندگی
ز روح ، آنچه بخشد بما زندگی

ز عقد گهر ، نظم و پیوستگی
ز گلهای دسته بهم ، بستگی

دل‌انگیزی از طبع شوخ نگار
شکر ریزی ، از لعل شیرین یار

غرض، آنچه زیبا و خوب و کش است
بگلزار طبع تو ، دامن کش است

***

چو گنج گهر ، نغز دیوان تُست
که گنجینهٔ گوهرِ جان تست

چو خورشید تابنده ، پاینده‌ای
که از سایهٔ عمر خود ، زنده‌ای

دگر سایهٔ را ، چنین مایه نیست
که این مهر تابان بود ، سایه نیست

کند سایه‌ات ، چشم حاسد ، پُر آب
که از وی بتابد ، هزار آفتاب

۱۳۴۵ شمسی
اسمعیل آشتیانی «شعله»

سخنی چند از ناشر:

درمیان ادب‌دوستان ایرانی وحتی کسانیکه در کشورهای همسایهٔ ایران بزبان‌فارسی تکلم‌میکنند یا بدان‌آشنائی دارند، کمتر کسی است که ‌رهی‌معیری شاعر لطیف طبع و غزل‌سرای چیره دست معاصر را نشناسد.

سال‌هاست که شیفتگان شعر لطیف وزیبای فارسی آثار رهی را در جراید و مجلات وتذکره‌ها می‌بینند و می‌خوانند واز آن لذت‌ها میبرند و همین‌امر موجب شده است که شهرت و محبوبیت رهی از مرزهای سیاسی و جغرافیائی ایران بگذرد و در سایر کشورها خاصه در افغانستان و پاکستان بر دوستداران و هواخواهان وی افزوده شود.

با اینحال تاکنون اگـر کسی میخواست مجموعهٔ آثار این شاعر قوی مایه و نازک خیال را یکجا مطالعه کند مجبور بود دفتری ترتیب دهد و شعرهای رهی را از میان صفحات پراکندهٔ روزنامه‌ها و مجلات بیرون آورد و در آن درج کند، چه وی تاکنون بطبع و انتشار دیوان خویش رضا نداده‌بود. طبع دقیق ومشکل‌پسندی که سختگیرترین‌منتقدات اشعار اوست، راضی نمیشد که آثار بدیع و بلند خود را در کتابی گردآورد و یکجا در دسترس خوانندگان بگذارد. چون درینصورت امکان تجدیدنظر و تبدیل و تغییر وآرایش‌دائم و پایان ناپذیری که شاعر در شعر خویش روا میداشت از و سلب میشد.

اکنون نیز که این مجموعه انتشار می‌یابد، باید توجه داشت که شاعر سخن‌سنج ما بطبع و انتشار بسیاری از ترانه‌های دل‌انگیز خود رضا نداده است.

نوزده

***

محمد حسن رهی‌معیری به سال ۱۲۸۸ شمسی در تهران دیده به دنیا گشود. وی فرزند خاندانی بزرگ واصیل و نجیب است، نیای او معیرالممالک نظام‌الدوله در دورهٔ ناصرالدینشاه وزارت خزانه را برعهده داشت و نیاگان وی از روزگار سلطنت نادرشاه تا اواخر دوران قاجار همواره مصدر خدمات مهم و از رجال بزرگ عصر خویش بوده‌اند .

علاوه براین ، ذوق هنری و طبع لطیف نیز موروثی خاندان رهی است و اغلب افراد این خانوادهٔ بزرگ از هنردوستی و ذوق سرشار برخوردار بوده‌اند . میرزا عباس فروغی بسطامی غزلسرای شهیر دورهٔ ناصری نیز ازین خاندان برخاسته است .

رهی از آغاز کودکی درشعر و موسیقی و نقاشی، استعدادی شگفت‌انگیز داشت و از سیزده سالگی به شاعری پرداخت و این رباعی ننز و دلکش از آثاری است که درهفده سالگی از طبع جوان و پرشور وی تراوش کرد و درمجلات تهران انتشار یافت :

کاش امشبم آن شمع طرب می‌آمد
ویـــن روز مفارقت بشب می‌آمد

آن لب که چو جان ماست دور از لب ماست
ای کاش که جان ما به لب می‌آمد

رهی پس از فراغ از تحصیل و مطالعه در فنون ادب وارد خدمت دولت شد . اما در دوران خدمت نیز همواره بمطالعهٔ آثار منظوم استادان سخن فارسی و تتبع شعرهای آنان اشتغال داشت و از راه این ممارست و تتبع دائمی توشهٔ فراوان اندوخت و برقوت طبع و قدرت خویش در سخن‌سرائی بیفزود و علاوه براین ، در اغلب محافل هنری و انجمن‌های ادبی عضویت یافت و به ادب و هنر ایران خدمتی سزاوار انجام داد .

ترانه‌های شورانگیز رهی از سی سال پیش تا کنون دوستداران شعر و موسیقی را سرمست کرده و به ارباب ذوق و حال ، فیض و لذت بخشیده است. بعضی ازین ترانه‌ها از آثار جاویدان و شاهکارهای مسلم شعر و

موسیقی معاصر است و از همین نظر چند بار و توسط چند خوانندهٔ معروف اجرا شده است .

نخستین ترانهٔ رهی «خزانِ عشق» نام داشت که پس از انتشار شهرت فراوان کسب کرد . از میان معروفترین و عالی‌ترین ترانه‌های دیگر وی نیز می‌توان از «نوای نی» ، «شب جدائی» ، «دارم شب و روز» ، «بکنارم بنشین» ، «من از روز ازل»، «تنها ماندم تنها رفتی»، آهنگ آذربایجان، و «آرزوی گم گشته» نام برد، تمام این ترانه‌های پرشور و لطیف، زبانزد خاص و عام گشته است و هیچ اهل دلی نیست که بارها آنها را نشنیده و غرق سرور و لذت نشده و احیاناً آنها را از بر نداشته باشد .

احاطهٔ رهی بر دستگاههای موسیقی و آشنائی او با این هنر تا آن حد است که چند آهنگ مؤثر و جانسوز نیز ساخته و پرداخته است، مانند آهنگ ترانه‌های « دارم شب و روز » و «سیرم از زندگانی»، و «دیدی که رسوا شد دلم» وغیره..

این سرود معروف وطنی نیز از آثار رهی است .

توای پرگهر خاک ایران زمین
کـه والاتری از سپهر بـرین

هنر زنـده از پرتـو نام تست
جهان سرخوش از جرعهٔ جام تست

رهی در سرودن شعرهائی که دارای موضوعهای سیاسی و اجتماعی است نیز استادی توانا است و بسیاری از اینگونه اشعار وی که از جهات مختلفه ، اهمیت فوق‌العاده‌ای داشت با امضاهای «زاغچه» ، و «شاه پریون»، در روزنامه‌ها و مجله‌های سیاسی و فکاهی انتشار یافته است .

رهی در سال ۱۳۳۶ شمسی با هیأتی از فضلا و ارباب مطبوعات به کشور ترکیه سفر کرد و مدت یکماه مهمان آن دولت بود و در شهر قونیه توفیق زیارت تربت مولانا جلال‌الدین نصیب وی شد .

سال بعد برای شرکت در جشن یادبود چهلمین سال انقلاب اکتبر به اتحاد جماهیر شوروی دعوت شد و با شرق‌شناسان و ادبای شوروی ملاقات کرد .

در سال ۱۳۳۸ رهسپار ایتالیا و فرانسه شد و در مهرماه سال ۱۳۴۱

نیز برای شرکت درمراسم یادبود نهصدمین سال وفات خواجه‌عبدالله انصاری به دعوت دولت افغانستان به‌کابل عزیمت کرد . و مجدداً درسال ۱۳۴۶ برای شرکت در جشن استقلال کشور افغانستان رهسپار آن دیار شد .

نه تنها نویسندگان تذکره‌های معاصر آثار بسیاری از رهی نقل کرده و طبع لطیف و قریحهٔ تابناك وی را ستوده‌اند بلکه هر وقت در ممالك دیگر نیز رساله‌ای وکتابی برای معرفی شعرامروز فارسی انتشار یافته‌است، همواره در آن از رهی به عنوان یکی از شاعران نامدار و هنرمندان برجسته نام برده‌و قسمتی از اشعار وی را ترجمه کرده‌اند .

رهی شاعری آزاده و بلند نظر است که لطف طبع و ظرافت خلق و صفای باطن و آراستگی ظاهر را یکجا جمع کرده و قناعت و مناعت را پیشهٔ خود ساخته است .

باگشاده روئی برچهرهٔ زندگی لبخند میزند و میسراید :

برخاطر ما گرد ملالی ننشیند
آئینهٔ صبحیم و غباری نپذیریم

ما چشمهٔ نوریم ، بتابیم و بخندیم
ما زندهٔ عشقیم ، نمردیم و نمیریم

مایهٔ کمال خوشوقتی است که اینك برگزیدهٔ آثار او توسط این مؤسسه در دسترس دوستداران شعر و ادب گذارده می‌شود .

توضیح ناشر :

کتاب سایه عمر برگزیدهٔ آثار رهی اولین‌بار در اسفند ۱۳۴۳ توسط این مؤسسه چاپ و منتشر شد و در مدت قلیلی نایاب گردید.

چاپ دوم برگزیدهٔ آثار رهی با اضافات و آثار تازه با کمال تأسف زمانی انتشار می‌یابد که از وفات او بیش از دو ماه میگذرد. تا صفحهٔ ۱۹۲ کتاب مستقیماً زیر نظر شاعر و بقیه از روی نسخهٔ تنظیم شدهٔ او که عیناً با دستخطی به برادرزادهٔ خود « دوشیزه گلی معیری » سپرده بود با نظارت و تصحیح ایشان به چاپ رسیده است. مسلماً چاپ دیوان کامل رهی برای ادبیات و شعر معاصر ایران ضروری است و در آیندهٔ نزدیک این کار مهم انجام خواهد شد.

مؤسسهٔ انتشارات امیرکبیر
اسفندماه ۱۳۴۷

بنام خدا

این اثر ناچیز را بمادر بزرگوارم
تقدیم میکنم :

مهربان مادر ، چو شاخِ گُل مرا
در سرایِ آب و گِل پرورده است
میفشانـم خــونِ دل ، در پایِ او
کو مرا با خونِ دل ؛ پرورده است

رهی معــیری

تار و پود هستیم بر باد رفت، اما نرفت
عاشقی‌ها از دل، دیوانگی‌ها از سرم

غزل‌ها

شاهد افلاکی

چون زلف توام جانا ، در عین پریشانی
چون بادِ سحرگاهم ، در بی سروسامانی

من خاکم و من گردم، من اشکم و من دردم
تو مهری و تو نوری ، تو عشقی و تو جانی

خواهم که ترا در بر ، بنشانم و بنشینم
تا آتش جانم را ، بنشینی و بنشانی

ای شاهد افلاکی ، در مَستی و در پاکی
من چشم ترا مانم ، تو اشک مرا مانی

در سینه سوزانم ، مستوری و مهجوری
در دیدهٔ بیدارم ، پیدائی و پنهانی

من زمزمهٔ عودم ، تو زمزمه پردازی
من سلسلهٔ موجم ، تو سلسله جنبانی

از آتش سودایت ، دارم من و دارد دل
داغی که نمی بینی ، دردی که نمیدانی

دل با من و جان بی تو ، نسپاری و بسپارم
کام از تو و تاب از من ، نستانم و بستانی

ای چشم رهی سویت، کو چشم رهی جویت؟
روی ازمن سرگردان ، شاید که نگردانی

آبان ماه ۱۳۳۶

حدیث جوانی

اشکم ، ولی بپای عزیزان چکیده‌ام
خارم ، ولی بسایهٔ گُل آرمیده‌ام

با یاد رنگ و بوی تو ، ای نوبهار عشق
همچون بنفشه سر بگریبان کشیده‌ام

چون خاک ، در هوای تو از پا فتاده‌ام
چون اشک ، در قفای تو با سر دویده‌ام

من جلوهٔ شباب ندیدم بعمر خویش
از دیگران حدیث جوانی شنیده‌ام

از جام عافیت ، می نابی نخورده‌ام
وز شاخ آرزو ، گل عیشی نچیده‌ام

موی سپید را ، فلکم رایگان نداد
این رشته را به نقد جوانی خریده‌ام

ای سرو پای بسته ، بآزادگی مناز
آزاده من ، که از همه عالم بریده‌ام

گر میگریزم از نظر مردمان ، رهی
عیبم مکن ، که آهوی مردم ندیده‌ام

دیماه ۱۳۳۲

سوزد مرا ، سازد مرا

ساقی بده پیمانه‌ای ، زآن می که بی‌خویشم کند
بر حسنِ شورانگیز تو ، عاشق‌تر از پیشم کند

زان می که در شبهای غم ، بارد فروغ صبحدم
غافل کند از بیش و کم ، فارغ ز تشویشم کند

نور سحرگاهی دهد ، فیضی که میخواهی دهد
با مسکنت شاهی دهد ، سلطانِ درویشم کند

سوزد مرا سازد مرا ، در آتش اندازد مرا
وز من رها سازد مرا ، بیگانه از خویشم کند

بستاند ای سرو سهی ، سودای هستی از رهی
یغما کند اندیشه را ، دور از بد اندیشم کند

مهر ماه ۱۳۳۷

زندان خاک

با دل روشن، در این ظلمت سرا افتاده‌ام
نور مهتابم، که در ویرانه‌ها افتاده‌ام

سایه پرورد بهشتم، از چه گشتم صید خاک؟
تیره بختی بین، کجا بودم کجا افتاده‌ام

جای در بستان سرای عشق می‌باید مرا
عندلیبم، از چه در ماتم‌سرا افتاده‌ام

پایمال مردم، از نارسائی‌های بخت
سبزهٔ بی طالعم، در زیر پا افتاده‌ام

خار ناچیزم، مرا در بوستان مقدار نیست
اشک بی‌قدرم، ز چشم آشنا افتاده‌ام

تا کجا راحت پذیرم، یا کجا یابم قرار؟
برگ خشکم، در کف باد صبا افتاده‌ام

بر من ای صاحبدلان رحمی، که از غم‌های عشق
تا جدا افتاده‌ام، از دل جدا افتاده‌ام

لب فرو بستم رهی، بی روی گلچین و امیر
در فراق همنوایان، از نوا افتاده‌ام

بهمن ماه ۱۳۳۳

غباری در بیابانی

نه دل مفتون دلبندی ، نه جان مدهوش دلخواهی
نه بر مژگان من اشکی ، نه بر لبهای من آهی

نه جان بی نصیبم را ، پیامی از دلارامی
نه شام بی فروغم را ، نشانی از سحرگاهی

نیابد محفلم گرمی ، نه از شمعی نه از جمعی
ندارد خاطرم اُلفت ، نه با مهری نه با ماهی

پدیدار اَجل باشد ، اگر شادی کنم روزی
به بخت واژگون باشد ، اگر خندان شوم گاهی

کیم من ؟ آرزو گُم کرده ای تنها و سرگردان
نه آرامی، نه امیدی ، نه همدردی ، نه همراهی

گَهی افتان و خیزان ، چون غباری در بیابانی
گَهی خاموش و حیران، چون نگاهی بر نظرگاهی

رهی ، تا چند سوزم در دل شبها چو کوکبها
باقبالِ شرر نازم ، که دارد عمر کوتاهی

مهرماه ۱۳۳۲

طوفان حادثات

این سوز سینه، شمع شبستان نداشته است
وین موج گریه، سیل خروشان نداشته است

آگـه ز روزگار پریشان مـا نبود
هر دل که روزگار پریشان نداشته است

از نوشخند گرم تو، آفاق تازه گشت
صبح بهار، این لب خندان نداشته است

ما را دلی بود، که ز طوفان حادثات
چون موج، یک نفس سروسامان نداشته است

سر بر نکرد پاک نهادی ز جیب خاک
گیتی، سری سزای گریبان نداشته است

جز خون دل ز خوان فلک نیست بهره‌ای
این تنگ چشم، طاقت مهمان نداشته است

دریا دلان، ز فتنهٔ ایام فارغند
دریای بیکران، غم طوفان نداشته است

آزار ما، بمور ضعیفی نمیرسد
داریم دولتی، که سلیمان نداشته است

غافل مشو ز گوهر اشک رهی، که چرخ
این سیمگون ستاره، بدامان نداشته است

مردادماه ۱۳۴۰

داغ تنهائی

آنقدر با آتش دل ، ساختم تا سوختم
بی تو ای آرام جان ، یا ساختم یا سوختم

سرد مهری بین، که کس بر آتشم آبی نزد
گرچه همچون برق از گرمی سراپا سوختم

سوختم اما نه چون شمع طرب در بین جمع
لاله‌ام ، کز داغ تنهائی بصحرا سوختم

همچو آن شمعی که افروزند پیش آفتاب
سوختم در پیش مه رویان وبیجا سوختم

سوختم از آتش دل ، در میان موج اشک
شور بختی بین ، که در آغوش دریا سوختم

شمع و گل هم هرکدام از شعله‌ای در آتشند
در میان پاکبازان ، من نه تنها سوختم

جان پاک من «رهی» خورشید عالمتاب بود
رفتم و از مائم خود ، عالمی را سوختم

آبانماه ۱۳۲۷

نیلوفر

نه بشاخ گُل ، نه بر سرو چمن پیچیده‌ام
شاخهٔ تاکم ، بگردِ خویشتن پیچیده‌ام

گرچه خاموشم ولی آهم بگردون میرود
دودِ شمعِ کشته‌ام ، در انجمن پیچیده‌ام

میدهم مستی بدلها ، گرچه مستورم ز چشم
بویِ آغوشِ بهارم ، در چمن پیچیده‌ام

جایِ دل ، در سینهٔ صد پاره دارم آتشی
شعله را چون گل، درون پیرهن پیچیده‌ام

نازک اندامی بُود امشب در آغوشم، رهی
همچو نیلوفر ، بشاخِ نسترن پیچیده‌ام

بهمن ماه ۱۳۳۳

رسوای دل

همچو نی ، مینالم از سودای دل
آتشی در سینه دارم ، جای دل

من که با هر داغ پیدا ، ساختم
سوختم ، از داغِ ناپیدای دل

همچو موجم یکنفس آرام نیست
بسکه طوفان زا بود دریای دل

دل اگر از من گریزد ، وای من
غم اگر از دل گریزد ، وای دل

ما ز رسوائی ، بلند آوازه ایم
نامور شد ، هر که شد رسوای دل

خانهٔ مور است و منزلگاه بوم
آسمان ، با همتِ والای دل

گنج منعم، خرمن سیم و زر است
گنج عاشق ، گوهرِ یکتای دل

در میان اشک نومیدی ، رهی
خندم از امیدواریهای دل

مردادماه ۱۳۳۵

غرق تمنّای توام

در پیش بیدردان چرا ، فریاد بیحاصل کنم؟
گر شکوه‌ای دارم زدل ، با یار صاحبدل کنم

در پرده سوزم همچو گُل ، در سینه جوشم همچو مُل
من شمعِ رسوا نیستم ، تا گریه در محفل کنم

اول کنم اندیشه‌ای ، تا برگزینم پیشه‌ای
آخر بیک پیمانه می ، اندیشه را باطل کنم

زآنرو ستانم جام را ، آن مایهٔ آرام را
تا خویشتن را لحظه‌ای از خویشتن غافل کنم

از گُل شنیدم بوی او ، مستانه رفتم سوی او
تا چون غبار کوی او، در کویِ جان منزل کنم

روشنگری افلاکیم ، چون آفتاب از پاکیم
خاکی نیم تا خویش را سرگرم آب و گِل کنم

غرق تمنای توام ، موجی ز دریای توام
من نخل سرکش نیستم ، تا خانه در ساحل کنم

دانم که آن سرو سَهی ، از دل ندارد آگهی
چند از غمِ دل چون رهی، فریاد بیحاصل کنم

آبانماه ۱۳۴۰

دل زاری که من دارم

ندانم رسم یاری، بیوفا یاری که من دارم
بآزار دلم کوشد، دلازاری که من دارم

وگر دل را بدخواری، رهانم از گرفتاری
دلازاری دگر جوید، دل زاری که من دارم

بخاک من نیفتد، سایهٔ سرو بلند او
ببین کوتاهی بخت نگونساری که من دارم

گهی خاری کشم از پا، گهی دستی زنم بر سر
بکوی دلفریبان، این بود کاری که من دارم

دل رنجور من از سینه هر دم میرود سوئی
ز بستر میگریزد طفل بیماری که من دارم

ز پند همنشین، درد جگر سوزم فزونتر شد
هلاکم میکند آخر، پرستاری که من دارم

رهی، آنمه بسوی من بچشم دیگران بیند
نداند قیمت یوسف، خریداری که من دارم

تیرماه ۱۳۲۷

ماجرای اشک

تا بد فروغ مهر و مه از قطره‌های اشک
بارانِ صبحگاه، ندارد صفای اشک

گوهر بتابناکی و پاکی چو اشک نیست
روشندلی کجاست که داند بهای اشک؟

مائیم و سینه‌ای، که بُود آشیان آه
مائیم و دیده‌ای، که بُود آشنای اشک

گوش مرا، ز نغمهٔ شادی نصیب نیست
چون جویبار، ساخته‌ام با نوای اشک

از بسکه تن ز آتش حسرت گداخته است
از دیدهٔ خون گرم فشانم بجای اشک

چون طفل هرزه‌پوی، بهر سوی میدویم
اشک از قفای دلبر و من از قفای اشک

دیشب چراغ دیدهٔ من تا سپیده سوخت
آتش فتاد بی تو، بماتم سرای اشک

خواب آور است زمزمهٔ جویبارها
در خواب رفته بخت من از هایهای اشک

بس کن رهی، که تاب شنیدن نیاوریم
از بسکه دردناک بود ماجرای اشک

مهرماه ۱۳۳۲

ترک خودپرستی کن

گر بچشم دل جانا ، جلوه‌های ما بینی
در حریم اهل دل ، جلوهٔ خدا بینی

راز آسمانها را ، در نگاه ما خوانی
نور صبحگاهی را ، بر جبین ما بینی

در مصاف مسکینان، چرخ را زبون یابی
با شکوهِ درویشان ، شاه را گدا بینی

گر طلب کنی از جان، عشق و دردمندی را
عشق را هنر یابی ، درد را دوا بینی

چون صبا ز خار و گُل ، ترک آشنائی کن
تا بهرچه روی آری ، روی آشنا بینی

نی ز نغمه وامانَد، چون ز لب جدا ماند
وای اگر دل خود را ، از خدا جدا بینی

تار و پود هستی را سوختیم و خرسندیم
رند عافیت سوزی، همچو ما کجا بینی؟

تا بُد از دلم شبها ، پرتوی چو کوکبها
صبح روشنم خوانی ، گر شبی مرا بینی

تَرک خودپرستی کن، عاشقی و مستی کن
تا ز دام غم خود را ، چون رهی رها بینی

اردیبهشت ماه ۱۳۳۷

گوهرِ تابناک

زبونِ خَلق، زخُلق نکوی خویشتنم
چو غنچه تنگدل از رنگ و بویِ خویشتنم

بعیب من چه‌گشاید زبانِ طعنهٔ حسود؟
کـه با هزار زبـان عیبجویِ خویشتنم

مرا بساغر زرین مهر، حـاجت نیست
که تازه روی چو گُل، از سبویِ خویشتنم

نه حسرتِ لبِ ساقی کشد، نه مِنتِ جام
بحیرت از دلِ بـی‌آرزویِ خـویشتنم

بخواب از آن نرود چشمِ خسته‌ام تاصبح
که همچو مرغِ شب افسانه گویِ خویشتنم

بروزگار چنان رانده گشتم از هر سوی
کـه مرگ نیز نخوانَد بسویِ خویشتنم

به تابناکی من گـوهری نَبود، رهی
گهر شناسم و در جستجویِ خویشتنم

مهر ماه ۱۳۴۱

خیال انگیز

خیال انگیز و جان پرور ، چو بوی گُل سراپائی
نداری غیر ازین عیبی ، که میدانی که زیبائی

من از دلبستگی های تو با آئینه ، دانستم
که بر دیدار طاقت سوز خود، عاشق تر از مائی

بشمع و ماه ، حاجت نیست بزمِ عاشقانت را
تو شمع مجلس افروزی ، تو ماه مجلس آرائی

منم ابر و توئی گُلبن، که میخندی چو میگریم
توئی مِهر و منم اختر ، که میمیرم چو میآئی

مراد ما نجوئی ، ور نه رندان هوس جو را
بهار شادی انگیزی ، حریف بادهٔ پیمائی

مه روشن ، میان اختران پنهان نمی ماند
میان شاخه های گل ، مشو پنهان که پیدائی

کسی از داغ و درد من نپرسد تا نپرسی تو
دلی بر حال زار من نبخشد تا نبخشائی

مرا گفتی : که از پیر خرد پرسم علاج خود
خرد منع من از عشق تو فرماید، چه فرمائی ؟

من آزرده دل را ، کس گره از کار نگشاید
مگر ای اشك غم امشب تو از دل عقده بگشائی

رهی ، تا وارهی از رنج هستی ترك هستی کن
که با این ناتوانی‌ها ، بترك جان توانائی

اردیبهشت ماه ۱۳۲۹

گریهٔ بی اختیار

ترا خبر ز دل بیقرار باید و نیست
غم توهست، ولی غمگسار باید و نیست

اسیر گریهٔ بی اختیار خویشتنم
فغان که در کف من اختیار باید و نیست

چو شام غم، دلم اندوهگین نباید و هست
چو صبحدم، نفسم بی‌غبار باید و نیست

مرا ز بادهٔ نوشین، نمی‌گشاید دل
که می بگرمیِ آغوش یار باید و نیست

درون آتش از آنم که آتشین گل من
ترا چو پارهٔ دل، در کنار باید و نیست

بسردمهری باد خزان نباید و هست
بفیض بخشیِ ابر بهار باید و نیست

چگونه لاف محبت زنی؟ که از غم عشق
ترا چو لاله دلی داغدار باید و نیست

کجا بصحبت پاکان رسی؟ که دیدهٔ تو
بسان شبنم گل، اشکبار باید و نیست

رهی، بشام جدائی چه طاقتی است مرا؟
که‌روز وصل دلم را قرار باید و نیست

تیرماه ۱۳۳۴

بهشت آرزو

بر جگر داغی ز عشق لاله روئی یافتم
در سرای دل ، بهشت آرزوئی یافتم

عمری از سنگ حوادث سوده گشتم چون غبار
تا به امداد نسیمی ، ره بکوئی یافتم

خاطر از آئینهٔ صبح است روشن تر مرا
این صفا از صحبت پاکیزه روئی یافتم

گرمی شمع شب افروز آفت پروانه شد
سوخت جانم ، تا حریف گرم خوئی یافتم

بی تلاش من ، غم عشق توام در دل نشست
گنج را در زیر پا ، بی جستجوئی یافتم

هایهای گریه ، در پای توام آمد بیاد
هر کجا شاخ گلی ، بر طرف جوئی یافتم

تلخکامی بین ، که در میخانهٔ دلدادگی
بود پر خون جگر، هر جا سبوئی یافتم

چون صبا در زیر زلفش هر کجا کردم گذار
یک جهان دل، بسته بر هر تار موئی یافتم

ننگ رسوائی «رهی» نامم بلند آوازه کرد
خاک راه عشق گفتم ، آبروئی یافتم

تیرماه ۱۳۲۶

ساغر هستی

ساقیا ، در ساغر هستی شراب ناب نیست
وآ نچه در جامِ شفق بینی ، بجز خون ناب نیست

زندگی خوشتر بود در پردهٔ وهم و خیال
صبح روشن را صفای سایهٔ مهتاب نیست

شب ز آه آتشین ، یک دَم نیاسایم چو شمع
در میان آتش سوزنده ، جای خواب نیست

مردم چشمم فرو مانده است در دریای اشک
مور را پای رهائی از دلِ گرداب نیست

خاطر دانا ، ز طوفان حوادث فارغ است
کوهِ گردون سای را اندیشه از سیلاب نیست

ما بآن گُل ، از وفای خویشتن دل بسته ایم
ورنه این صحرا ، تهی از لالهٔ سیراب نیست

آنچه نایاب است در عالم، وفا و مهر ماست
ور نه در گلزار هستی، سرو و گُل نایاب نیست

گر ترا با ما تعلق نیست، ما را شوق هست
ور ترا بی ماصبوری هست، ما را تاب نیست

۲۲

گفتی اندر خواب بینی بعد از این روی مرا
ماه من، در چشم عاشق آب هست و خواب نیست

جلوهٔ صبح و شکر خند گل و آوای چنگ
دلگشا باشد، ولی چون صحبت احباب نیست

جای آسایش چه می‌جوئی «رهی» در ملک عشق؟
موج را آسودگی در بحر بی‌پایاب نیست

آذرماه ۱۳۳۳

چشمهٔ نور

هرچند که در کوی تو مسکین و فقیریم
رخشنده و بخشنده چو خورشید منیریم

خاریم و طربناکتر از باد بهاریم
خاکیم و دلاویزتر از بوی عبیریم

از ساغر خونین شفق، باده ننوشیم
وز سفرهٔ رنگین فلک، لقمه نگیریم

بر خاطر ما، گرد ملالی ننشیند
آئینهٔ صبحیم و غباری نپذیریم

ما چشمهٔ نوریم، بتابیم و بخندیم
ما زندهٔ عشقیم، نمردیم و نمیریم

همصحبت ما باش، که چون اشک سحرگاه
روشندل و صاحب اثر و پاک ضمیریم

از شوق تو، بیتابتر از باد صبائیم
بی روی تو، خاموشتر از مرغ اسیریم

آن کیست که مدهوش غزلهای رهی نیست؟
جز حاسد مسکین که بر او خرده نگیریم!

اسفند ماه ۱۳۳۹

نای خروشان

چو نی بسینه خروشد ، دلی که من دارم
بناله گرم بود ، محفلی که من دارم

بیا و اشک مرا چاره‌کن، که همچو حباب
بروی آب بود منزلی که من دارم

دل من از نگه گرمِ او نپرهیزد
زبرق سر نکشد ، حاصلی که من دارم

بخون نشسته‌ام از جان‌ستانی دلِ خویش
درون سینه بود ، قاتلی که من دارم

زشرم عشق خموشم، کجاست گریهٔ شوق؟
که با تو شرح دهد مشکلی که من دارم

رهی، چو شمع فروزان گَرَم بسوزانند
زبانِ شکوه ندارد دلی که من دارم

مرداد ماه ۱۳۲۶

خندهٔ مستانه

با عزیزان در نیامیزد دل دیوانه‌ام
در میان آشنایانم، ولی بیگــانه‌ام

از سبک‌روحی، گران‌آیم بطبع روزگار
در سرای اهل ماتم، خندهٔ مستانــه‌ام

نیست در این خاکدانم آبروی شبنمی
گرچه بحر مردمی را، گوهر یکدانه‌ام

از چو من آزاده‌ای، الفت بریدن سهل نیست
میرود با چشم گریان، سیل از ویرانه‌ام

آفتاب آهسته بگذارد در این غمخانه پای
تا مبادا چون حباب، از هم بریزد خانه‌ام

بار خاطر نیستم روشندلان را چون غبار
بر بساط سبزه و گل، سایهٔ پروانه‌ام

گرمی دلها بود از نالهٔ جانسوز من
خندهٔ گلها بود از گریهٔ مستانه‌ام

همعنانم با صبا، سرگشته‌ام سرگشته‌ام
همزبانم با پَری، دیوانه‌ام دیوانه‌ام

مشت خاکی چیست تا راه مرا بندد رهی؟
گرد از گردون برآرد همتِ مردانه‌ام

بهمن ماه ۱۳۳۳

پرنیان‌پوش

ز گرمی بی‌نصیب افتاده‌ام، چون شمع خاموشی
ز دلها رفته‌ام، چون یادِ از خاطر فراموشی

منم با ناله دمسازی، به مرغ شب هم‌آوازی
منم بی‌باده مدهوشی، ز خونِ دل قدح نوشی

ز آرامم جدا، از فتنهٔ روی دلارامی
سیه روزم چو شب، در حسرت صبح بناگوشی

بدانحالم ز ناکامی، که تسکین میدهم دل را
بداغی از گل روئی، به نیشی از لبِ نوشی

بدشواری توان دیدن، وجود ناتوانم را
بتارِ پرنیان مانم،۰ ز عشقِ پرنیان پوشی

بچشمت خیره گشتم کز دلت آگه شوم، اما
چه رازی میتوان خواند از نگاهِ سردِ خاموشی

چه می‌پرسی ز هی، از داغ و درد سینه سوزِ من؟
که روز و شب هم‌آغوشِ تبم، با یادِ آغوشی

خرداد ۱۳۳۰

جلوهٔ ساقی

در قدح عکس تو، یا گُل در گُلاب افتاده‌است؟
مِهر در آئینه، یا آتش در آب افتاده‌است؟

بادهٔ روشن، دمی از دست ساقی دور نیست
مـاه امشب همنشین با آفتاب افتاده است

خفتـه از مستی بدامان ترم آن لاله روی
برق از گرمی در آغوشِ سحاب افتاده‌است

در هوای مردمی، از کید مردم سوختیم.
در دل ما آتش از موجِ سراب افتاده‌است

طی نگشته روزگار کودکی، پیری رسید
از کتابِ عمر ما، فصل شباب افتاده است

نیست شبنم این که بینی در چمن، کز اشتیاق
پیش لبهایت، دهان غنچه، آب افتاده است

آسمان در حیرت از بالانشینی‌های ماست
بحر در اندیشه از کارِ حُباب افتاده است

گوشهٔ عزلـت بود سـرمنزل عزت، رهی
گنج گوهر بین که در کنج خراب افتاده‌است

خردادماه ۱۳۲۰

تشنهٔ درد

نه راحت از فلک جویم، نه دولت از خدا خواهم
وگر پرسی چه میخواهی؟ ترا خواهم ترا خواهم

نمی‌خواهم که با سردی، چو گل خندم ز بی دردی
دلی چون لاله با داغ محبت آشنا خواهم

چه غم کان نوش لب در ساغرم خون به میریزد
من از ساقی ستم جویم، من از شاهد جفا خواهم

ز شادیها گریزم در پناه نامرادیها
بجای راحت از گردون، بلا خواهم بلا خواهم

چنان با جان من ای غم در آمیزی که پنداری
تو از عالم مرا خواهی، من از عالم ترا خواهم

بسودای محالم، ساغر می، خنده خواهد زد
اگر پیمانهٔ عیشی، درین ماتم سرا خواهم

نیابد تا نشان از خاک من، آئینه رخساری
رهی، خاکستر خود را هم‌آغوش صبا خواهم

بهمن ماه ۱۳۳۵

سایهٔ آرمیده

لالهٔ داغدیده را مانم
کشتِ آفت رسیده را مانم

دستِ تقدیر از تو دورم کرد
گُل از شاخ چیده را مانم

نتوان بـرگرفتنم از خاک
اشکِ از رُخ چکیده را مانم

پیش خوبانم ، اعتباری نیست
جنسِ ارزان خریده را مانم

برقِ آفت ، در انتظار من است
سبزهٔ نو دمیـده را مانم

دست و پا میزنم بخون جگر
صیدِ در خون طپیده را مانم

تو غزال رمیده را مانی
من کمانِ خمیده را مانم

بمن افتادگی صفا بخشید
سایهٔ آرمیده را مانم

در نهادم سیاهکاری نیست
پرتو افشان سپیده را مانم

گفتمش ای پری، کرا مانی؟
گفت: بختِ رمیده را مانم

دلم از داغِ او گداخت، رهی
لالهٔ داغدیده را مانم

مهر ماه ۱۳۲۷

نازک اندام

زجام آینه گون ، پرتو شراب دمید
خیال خواب چه داری ؟ کد آفتاب دمید

درون اشک من افتاد نقش اندامش
بخنده گفت : که نیلوفری ز آب دمید

زجامه گشت پدیدار ، گوی سینهٔ او
ستاره‌ای ز گریبانِ ماهتاب دمید

کشید دانهٔ امید ما ، سری از خاک
که برق، خنده زنان از دلِ سحاب دمید

ببادِ رفت امیدی که داشتم از خلق
فریب بود فروغی که از سراب دمید

غبار تربت ما بوی گُل دهد ، گوئی
که جای لاله ازین خاک ، مُشکِ ناب دمید

«رهی»چو برق شتابنده خنده‌ای زد و رفت
دمی نماند ، چو نوری که از شهاب دمید

شهریورماه ۱۳۴۰

سودازده

آنکه سودا زدهٔ چشم تو بوده است منم
وآنکه از هر مژه، صد چشمه گشوده است منم

آن ز رَه ماندهٔ سرگشته، که ناسازی بخت
ره بسیر منزل وصلش ننموده است منم

آنکه پیش لب شیرین تو، ای چشمهٔ نوش
آفرین گفته و دشنام شنوده است منم

آنکه خواب خوشم از دیده ربوده است توئی
وآنکه یک بوسه از آن لب نربوده است منم

ایکه از چشم رهی، پای کشیدی چون اشک
آنکه چون آه بدنبال تو بوده است منم

شهریورماه ۱۳۱۹

پایان شب

رفت و نرفته نکهت گیسوی او هنوز
غرق گل است بسترم از بوی او هنوز

دوران شب زبخت سیاهم بسر رسید
نگشوده تاری از خم گیسوی او هنوز

ازمن رمید و جای به پهلوی غیر کرد
جانم نیارمیده به پهلوی او هنوز

دردا که سوخت خار وخس آشیان ما
نگرفته خانه در چمن کوی او هنوز

روزی فکند یار نگاهی بسوی غیر
بازاست چشم حسرت من سوی او هنوز

یکبار چون نسیم صبا ، بر چمن گذشت
می آید از بنفشه و گل ، بوی او هنوز

روزیکه داد دل به گل روی او ، رهی
مسکین نبود باخبر از خوی او هنوز

آبانماه ۱۳۱۹

باران صبحگاهی

اشک سحر زداید، از لوح دل سیاهی
خرّم کند چمن را، باران صبحگاهی

عمری ز مهرت ایمه، شب تا سحر نخفتم
دعوی ز دیدهٔ من، وز اختران گواهی

چون زلف و عارض او، چشمی ندیده هرگز
صبحی بدین سپیدی، شامی بدان سیاهی

داغم چو لاله‌ای گل، از درد من چه پرسی؟
مُردم ز محنت ای غم، از جان من چه خواهی؟

ای گریه در هلاکم هم‌عهد رنج و دردی
وی ناله در عذابم همراز اشک و آهی

چندین «رهی» چه نالی از داغ بی نصیبی؟
در پای لاله رویان این بس که خاکراهی

مهرماه ۱۳۲۳

عمر نرگس

آتشین خویِ مرا ، پاسِ دلِ من نیست نیست
برق عالم سوزرا ، پروایِ خرمن نیست نیست

مشتِ خاشاکی ، کجا بندد رهِ سیلاب را؟
پایداری پیش اشکم ، کارِ دامن نیست نیست

آنقدر بنشین ، که برخیزد غبار از خاطرم
پایِ تا سرِ نازِ من ، هنگامِ رفتن نیست نیست

قصهٔ امواجِ دریا را ، ز دریا دیده پرس
هر دلی آگه ز طوفانِ دلِ من نیست نیست

همچو نرگس تاگشودم چشم ، پیوستم بخاک
گلِ دو روزی بیشتر، مهمانِ گلشن نیست نیست

ناگزیر از ناله ام در ماتمِ دل ، چون کنم؟
مرهمِ داغِ عزیزان ، غیرِ شیون نیست نیست

در پناهِ می ، ز عقلِ مصلحت بین فارغیم
در کنارِ دوست ، بیم از طعنِ دشمن نیست نیست

بر دلِ پاکان نیفتد سایهٔ آلودگی
داغِ ظلمت برجبینِ صبحِ روشن نیست نیست

نیست در خاطرمرا اندیشه از گردون ، رهی
رهروِ آزاده را ، پروایِ رهزن نیست نیست

مهرماه ۱۳۱۷

سراب آرزو

دل من ز تابناکی ، بشراب ناب ماند
نکند سیاهکاری ، که بآفتاب ماند

نه ز پای می‌نشیند ، نه قرار می پذیرد
دلِ آتشین من بین ، که بموج آب ماند

زشب سیه چه نالم؟ که فروغ صبح رویت
بسپیدهٔ سحرگاه و بماهتاب ماند

نفس حیات بخشت ، بهوای بامدادی
لب مستی آفرینت ، بشراب ناب ماند

نه عجب اگر بعالم اثری نماند از ما
که بر آسمان نه بینی اثر از شهاب ماند

«رهی» از امید باطل، ره آرزو چه پوئی؟
که سراب زندگانی، بخیال و خواب ماند

اسفندماه ۱۳۳۵

از خود رمیده

چو گُل ز دستِ تو جیب دریده‌ای دارم
چو لاله دامن در خون کشیده‌ای دارم

بحفظ جان بلادیده ، سعی من بیجاست
که پاسِ خرمنِ آفت رسیده‌ای دارم

ز سردمهریِ آن گُل ، چو برگهای خزان
رخِ شکسته و رنگ پریده‌ای دارم

نسیم عیش ، کجا بشکفد بهار مرا؟
که همچو لاله ، دل داغدیده‌ای دارم

مرا ز مردم نا اهل ، چشم مردمی است
امید میوه ، ز شاخ بریده‌ای دارم

کجاست عشقِ جگر سوزِ اضطراب انگیز؟
که من بسینه ، دلِ آرمیده‌ای دارم

صفا و گرمیِ جانم از آن بود که چو شمع
شرارِ آهی و خونابِ دیده‌ای دارم

مرا چگونه بُود تاب آشنائیِ خلق؟
که چون رهی، دل از خود رمیده‌ای دارم

اردیبهشت ۱۳۲۸

ستارهٔ خندان

بگوش همنفسان، آتشین سرودم من
ففان مرغ شبم، یا نوای عودم من؟

مرا ز چشم قبول آسمان نمی‌افکند
اگر چو اشك ز روشندلان نبودم من

مخور فریب محبت، که دوستداران را
بروزگارِ سیه بختی، آزمودم من

بباغبانی بی حاصلم بخند، ای برق
که لاله‌کاشتم و خار و خس درودم من

نبود گوهر یکدانه‌ای در این دریا
وگر نه چون صدف آغوش می‌گشودم من

بآبروی قناعت قسم، که روی نیاز
بخاکپای فرومایگان نسودم من

اگرچه رنگ شفق یافت دامنم از اشك
همان ستارهٔ خندان لبم که بودم من

گیاه دشت جنون خرّم ازمن‌است، رهی
که ازسرشك روان، رشكش‌نده‌درودم‌من

بیاد فیضی و گلبانگ عاشقانهٔ اوست
اگر ترانهٔ مستانه ای سرودم من

اردیبهشت ماه ۱۳۴۲

کوکب امید

ای صبح نو دمیده ، بناگوش کیستی ؟
وی چشمهٔ حیات ، لب نوش کیستی ؟

از جلوهٔ تو ، سینه چو گل چاک شد مرا
ای خرمن شکوفه ، برو دوش کیستی؟

همچون هلال، بهر تو آغوش من تهی است
ای کوکب امید ، در آغوش کیستی ؟

مهر منیر را ، نبود جامهٔ سیاه
ای آفتاب حُسن ، سیه پوش کیستی ؟

امشب کمند زلف ترا، تاب دیگری است
ای فتنه ، در کمین دل و هوش کیستی؟

ما لاله سان ز داغ تو نوشیم خون دل
تو همچو گل، حریف قدح نوش کیستی ؟

ای عندلیب گلشن شعر و ادب ، رهی
نالان بیاد غنچهٔ خاموش کیستی ؟

مردادماه ۱۳۲۸

بی‌سرانجام

مرغ خونین ترانه را مانم
صید بی آب و دانه را مانم

آتشینم، ولیک بی اثرم
نالهٔ عاشقانه را مانم

نه سرانجامی و نه آرامی
مرغ بی آشیانه را مانم

هدف تیر فتنه‌ام همه عمر
پای بر جا نشانه را مانم

باکسم در زمانه الفت نیست
که نه اهل زمانه را مانم

خاکساری، بلند قدرم کرد
خاک آن آستانه را مانم

بگذرم زین کبود خیمه، رهی
تیر آهِ شبانه را مانم

آبانماه ۱۳۲۸

شعلهٔ سرکش

لاله دیدم ، روی زیبای توام آمد بیاد
شعله دیدم ، سرکشی‌های توام آمد بیاد

سوسن و گُل ، آسمانی مجلسی آراستند
روی و موی مجلس آرای توام آمد بیاد

بود لرزان شعلهٔ شمعی در آغوش نسیم
لرزش زلف سمن سای توام آمد بیاد

در چمن پروانه‌ای آمد، ولی ننشسته رفت
با حریفان قهر بیجای توام آمد بیاد

از بر صید افکنی، آهوی سرمستی رمید
اجتناب رغبت افزای توام آمد بیاد

پای سروی، جویباری زاری از حد برده بود
های های گریه در پای توام آمد بیاد

شهر، پر هنگامه از دیوانه‌ای دیدم، رهی
از تو و دیوانگی‌های توام آمد بیاد

دیماه ۱۳۳۱

مهتاب

ما نقد عافیت، به می ناب داده‌ایم
خار و خس وجود، به سیلاب داده‌ایم

رخسار یار، گونهٔ آتش از آن گرفت
کاین لاله را، زخون جگر آب داده‌ایم

آن شعله‌ایم، کز نفس گرم سینه سوز
گرمی بآفتاب جهانتاب داده‌ایم

در جستجوی اهل دلی، عمر ما گذشت
جان در هوای گوهر نایاب داده‌ایم

کامی نبرده‌ایم از آن سیمتن، رهی
« از دور بوسه بر رخ مهتاب داده‌ایم »

شهریور ماه ۱۳۳۴

لبخند صبحدم

گر شود آن روی روشن جلوه‌گر ، هنگام صبح
پیش رخسارت ، کسی بر لب نیارد نام صبح

از بناگوش تو و زلف توأم آمد بیاد
چون دمید از پردهٔ شب ، روی سیمین فام صبح

نیمشب با گریهٔ مستانه ، حالی داشتم
تلخ شد عیش من از لبخند بی هنگام صبح

خواب را بدرود کن ، کز سیمگون ساغر دمید
پرتو می ، چون فروغ آفتاب از جام صبح

شست و شو در چشمهٔ خورشید کرد، از آن سبب
نور هستی بخش می‌بارد ، ز هفت اندام صبح

گر ننوشیده است در خلوت نبید مشک بوی
از چه آید هر نفس ، بوی بهشت از کام صبح؟

میدود هر سو گریبان چاک از بی‌طاقتی
تا کجا آرام گیرد ، جان بی آرام صبح؟

معنی مرگ و حیات ای نفس کوته بین، یکیست
نیست فرقی ، بین آغاز شب و انجام صبح

این منم کز ناله و زاری نیاسایم دمی
ورنه آرامش پذیرد مرغِ شب هنگام صبح

جلوهٔ عمرِ من از صبحِ نخستین بیش نیست
در شکرخندی است فرجام من و فرجام صبح

عمر کوتاهم «رهی» در شام تنهائی گذشت
مُردم و نشنیدم از خورشید روئی نام صبح

شهریورماه ۱۳۴۰

نا اشنا

ما را دلی بود که ز دنیای دیگر است
مائیم جای دیگر و اوجای دیگر است

چشم جهانیان ، بتماشای رنگ و بوست
جز چشم دل که محو تماشای دیگر است

این نه صدف ، ز گوهر آزادگی تهی است
و آن گوهر یگانه ، بدریای دیگر است

در ساغر طرب ، می اندیشه سوز نیست
تسکین ما ، ز جرعهٔ مینای دیگر است

امروز میخوری غم فردا و همچنان
فردا بخاطرت ، غم فردای دیگر است

گر خلق را بود سر و سودای مال و جاه
آزاده مرد را ، سر و سودای دیگر است

دیشب دلم بجلوهٔ مستانه‌ای ربود
امشب پی ربودن دلهای دیگر است

غمخانه‌ایست وادی کون و مکان ، رهی
آسودگی اگر طلبی ، جای دیگر است

مهرماه ۱۳۳۰

گریزان

چرا چو شادی از این انجمن گریزانی؟
چو طاقت از دلِ بیتابِ من گریزانی؟

ز دیده‌ای که بود پاک‌تر ز شبنمِ صبح
چرا چو اشک من ای سیمتن گریزانی؟

درون پیرهنت گر نهان کنیم، چه سود؟
نسیمِ صبحی و از پیرهن گریزانی

چو آبِ چشمه، دلی پاک و نرم خو دارم
نه آتشم، که ز آغوشِ من گریزانی!

رهی، نمیرمد آهویِ وحشی از صیاد
بدین صفت که تو از خویشتن گریزانی

مهرماه ۱۳۴۱

خندهٔ برق

سزای چون تو گُلی گرچه نیست خانهٔ ما
بیا چو بوی گُل امشب بآشیانهٔ ما

تو ای ستارهٔ خندان، کجا خبرداری؟
ز نالهٔ سحر و گریهٔ شبانهٔ ما

چو بانگ رعد خروشان که پیچد اندر کوه
جهان پر است ز گلبانگ عاشقانهٔ ما

نوای گرم نی، از فیض آتشین نفسی است
ز سوز سینه بود، گرمی ترانهٔ ما

چنان ز خاطر اهل جهان فراموشیم
که سیل نیز نگیرد سراغ خانهٔ ما

بخنده روئی دشمن مخور فریب، رهی
که برق، خنده زنان سوخت آشیانهٔ ما

مردادماه ۱۳۳۱

مردم فریب

شب، یارمن تب است و غم سینه سوزهم
تنها نه شب در آتشم ای گل، که روزهم

ای اشک، همتی که به کِشت وجود من
آتش فکند آه و دل سینه سوز هم

گفتم: که با تو شمع طرب تابناک نیست
گفتا: که سیمگون مه گیتی فروزهم

گفتم: که بعد از آنهمه دلها که سوختی
کس میخورد فریب تو؟ گفتا هنوز هم

ای غم، مگر تو یار شوی ورنه با رهی
دل دشمن است و آن صنمِ دلفروز هم

شهریورماه ۱۳۲۹

صدف‌های تهی

رفتند اهل صحبت و یاری پدید نیست
وز کاروان رفته ، غباری پدید نیست

از جام مانده نامی و از می حکایتی
میخانه‌ای و باده گساری پدید نیست

ما بلبلان سوخته دل ، از نوای عشق
بربسته‌ایم لب ، که بهاری پدید نیست

روشندلی نماند ، به ظلمت سرای خاک
برگ گلی ، بسایهٔ خاری پدید نیست

ما آن پیاده‌ایم ، که از پا فتاده‌ایم
در عرصهٔ وجود ، سواری پدید نیست

شادی طمع مدار ، که آشوب ماتم است
یاری ز کس مجوی ، که یاری پدید نیست

آهی نخیزد از دل خاموش من ، رهی
زآن آتش فسرده ، شراری پدید نیست

پائیز ۱۳۴۵

کوی میفروش

ما نظر از خرقه پوشان بسته‌ایم
دل بمهر باده نوشان بسته‌ایم

جان بکوی میفروشان داده‌ایم
در بروی خود فروشان بسته‌ایم

بحر طوفانزا ، دل پرجوش ماست
دیده از دریای جوشان بسته‌ایم

اشک غم ، در دل فرو ریزیم ما
راه بر سیل خروشان بسته‌ایم

برنخیزد ناله‌ای از ما ، رهی
عهد الفت با خموشان بسته‌ایم

آذرماه ۱۳۳۹

خاک شیراز

چون شفق گرچه مرا باده ز خون جگر است
دل آزاده‌ام از صبح طربناک‌تر است

عاشقی مایهٔ شادی بود و گنج مراد
دلِ خالی ز محبت، صدفِ بی‌گهر است

جلوهٔ برق شتابنده بود، جلوهٔ عمر
مگذر از بادهٔ مستانه، که شب درگذر است

لب فرو بسته‌ام از ناله و فریاد، ولی
دلِ ماتم‌زده، در سینهٔ من نوحه‌گر است

گریه و خندهٔ آهسته و پیوستهٔ من
همچو شمع سحر، آمیخته با یکدگر است

داغ پنهان من از خندهٔ خونین پیداست
ای بسا خنده، که از گریه غم‌انگیزتر است

خاک شیراز که سر منزل عشق است و امید
قبلهٔ مردم صاحبدل و صاحب نظر است

سرخوش از نالهٔ مستانهٔ سعدی است، رهی
«همه گویند، ولی گفتهٔ سعدی دگر است»

شیراز، فروردین ماه ۱۳۳۸

گیسوی شب

شب ، این سر گیسوی نداردکه تو داری
آغوش گل این بوی نداردکه تو داری

نرگس ، که فریبد دل صاحب نظران را
این چشمِ سخنگوی نداردکه تو داری

نیلوفر سیراب ، که افشانده سرِ زلف
این خرمنِ گیسوی نداردکه تو داری

پروانه ، که هردم ز گلی بوسه رباید
این طبعِ هوس جوی نداردکه تو داری

غیر از دلِ جان سخت رهی، کز تو نیازرد
کس طاقتِ این خوی نداردکه تو داری

مردادماه ۱۳۳۲

وفای شمع

مُردم از درد و نمی‌آئی ببالینم هنوز
مرگ خود می‌بینم و رویت نمی‌بینم هنوز

برلب آمد جان و رفتند آشنایان از سرم
شمع را نازم که میگرید ببالینم هنوز

آرزومر دوجوانی رفت و عشق از دل گریخت
غم نمیگردد جدا از جان مسکینم هنوز

روزگاری پاکشید آن تازه گل از دامنم
گل بدامن میفشاند، اشک خونینم هنوز

گرچه سر تا پای من مشت غباری بیش نیست
در هوایش چون نسیم از پای ننشینم هنوز

سیم گون شد موی و غفلت همچنان بر جای ماند
صبحدم خندید و من در خواب نوشینم هنوز

خصم را از ساده لوحی دوست پندارم، رهی
طفلم و نگشوده چشمِ مصلحت بینم هنوز

اردیبهشت ۱۳۳۲

شب زنده‌دار

خاطر بی‌آرزو، از رنج یار آسوده است
خارخشک، از منت ابر بهار آسوده است

گر بدست عشق نسپاری عنان اختیار
خاطرت از گریهٔ بی‌اختیار آسوده است

هرزه‌گردان، از هوای نفس خودسر گشته‌اند
گر نخیزد باد غوغاگر، غبار آسوده است

پای در دامن کشیدن، فتنه از خود راندن است
گر زمین را سیل گیرد، کوهسار آسوده است

کج نهادی پیشه کن، تا وارهی از دست خلق
غنچه را صد گونه آسیب است و خار آسوده است

تا بود اشک روان، از آتش غم باک نیست
برق اگر سوزد چمن را، جویبار آسوده است

شب سر آمد، یکدم آخر دیده بر هم نه، رهی
صبحگاهان، اختر شب زنده‌دار آسوده است

آبان ۱۳۳۵

کوی رضا

تا دامن از من کشیدی ، ای سرو سیمین تن من
هر شب ز خون آبهٔ دل ، پر گُل بود دامن من

جانا ، رُخم زرد خواهی ، جانم پُر از درد خواهی
دانم چها کرد خواهی ، ای شعله با خرمن من

بنشین چو گُل در کنارم ، تا بشکفد گُل ز خارم
ای روی تو لاله زارم ، وی موی تو سوسن من

تا در دلم جا گرفتی ، در سینه مأوا گرفتی
بوی گُل و سوسن آید ، از چاک پیراهن من

ای جان و دل مسکن تو ، خون گریم از رفتن تو
دست من و دامن تو ، اشک غم و دامن من

من کیستم بینوائی ، با درد و غم آشنائی
هر لحظه گردد بلائی ، چون سایه پیرامن من

قسمت اگر زهر اگر مُل ، با این اگر خار اگر گُل
غمگین نباشم که باشد ، کوی رضا مسکن من

گر باد صرصر غباری ، انگیزد از هر کناری
گرد کدورت نگیرد ، آئینهٔ روشن من

تا عشق ورندی است کیشم، یکسان بود نوش و نیشم
من دشمن جان خویشم ، گر او بود دشمن من

مُلکِ جهان تنگنائی ، با عرصهٔ همت ما
خُلد برین خارزاری ، با ساحت گلشن من

پیرایهٔ خاک و آبم ، روشنگر آفتابم
گنجم ولی در خرابم ، ویرانهٔ من تنِ من

ای گریه دل را صفا ده ، رنگی برخسار ما ده
خاکم بباد فنا ده ، ای سیل بنیان کنِ من

وی مرغ شب همره ئی کن ، زاری بحال دهی کن
تا بر دلم رحمت آرد ، صیاد صید افکنِ من

آذرماه ۱۳۲۸

نغمهٔ حسرت

یاد ایامی که در گلشن فغانی داشتم
در میان لاله و گُل ، آشیانی داشتم

گرد آن شمع طرب ، میسوختم پروانه وار
پای آن سرو روان ، اشکِ روانی داشتم

آتشم برجان ولی ازشکوه لب خاموش بود
عشق را از اشکِ حسرت، ترجمانی داشتم

چون سرشک از شوق بودم خاک بوس درگهی
چون غبار از شکر ، سر بر آستانی داشتم

درخزان با سرو و نسرینم، بهاری تازه بود
در زمین با ماه و پروین ، آسمانی داشتم

دردِ بی عشقی زجانم برده طاقت ، ورنه من
داشتم آرام ، تا آرام جانی داشتم

بلبل طبعم "رهی" باشد ز تنهائی خموش
نغمه ها بودی مرا ، تا همزبانی داشتم

اصفهان فروردین ماه ۱۳۲۴

پاس دوستی

بهرِ هر یاری که جان دادم بپاسِ دوستی
دشمنی‌ها کرد با من ، در لباسِ دوستی

کوهِ پا برجا گمان میکردمش ، درد‌ا که بود
از حُبابی سست بنیان‌تر ، اساسِ دوستی

بسکه رنج از دوستان باشد دل آزرده را
جایِ بیمِ دشمنی ، دارد هراسِ دوستی

جان فدا کردیم و یاران قدرِ ما نشناختند
کور بادا ، دیدهٔ حق ناشناسِ دوستی

دشمنِ خویشی رهی، کز دوستداران دوروی
دشمنی بینی و خاموشی بپاسِ دوستی

مهرماه ۱۳۲۹

اندوه دوشین

دوش چون نیلوفر از غم پیچ و تابی داشتم
هر نفس چون شمع ارزان ، اضطرابی داشتم

اشک سیمینم بدامن بود ، بی سیمین تنی
چشمِ بیخوابی ، ز چشمِ نیم خوابی داشتم

سایهٔ اندوه ، بر جانم فرو افتاده بود
خاطری همرنگِ شب ، بی آفتابی داشتم

خانه از سیلابِ اشکم همچو دریا بود و من
خوابگه از موجِ دریا ، چون حُبابی داشتم

محفلم چون مرغ شب ، از نالهٔ دل گرم بود
چون شفق از گریهٔ خونین ، شرابی داشتم

شکوه تنها از شب دوشین ندارم ، کز نخست
بختِ ناساز و دلِ ناکامیابی داشتم

نیست ما را پای رفتن از گرانجانی چو کوه
کاش کز فیضِ اجل ، عمرِ شهابی داشتم

شادی از ماتمسرای خاک میجستم ، رهی
انتظارِ چشمهٔ نوش ، از سرابی داشتم

تیر ماه ۱۳۳۲

غنچهٔ پژمرده

عاشق از تشویش دنیا و غم دین فارغ است
هر که از سر بگذرد ، از فکر بالین فارغ است

چرخ غارت پیشه را ، با بینوایان کار نیست
غنچهٔ پژمرده ، از تاراج گلچین فارغ است

شور عشق تازه‌ای دارد مگر دل؟ کاین چنین
خاطرم امروز از غمهای دیرین فارغ است

خسروان حسن را ، پاس فقیران نیست نیست
گر به تلخی جان دهد فرهاد ، شیرین فارغ است

هر نفس در باغ طبعم لاله‌ای روید ، رهی
نغمه سنجان را دل از گلهای رنگین فارغ است

مهرماه ۱۳۱۴

گُلبرگ خونین

زخون رنگین بودچون لاله ، دامانی که من دارم
بود صد پاره همچون گُل ، گریبانی که من دارم

مپرس ای همنشین احوال زار من، که چون زلفش
پریشان گردی از حالِ پریشانی که من دارم

سیه روزان فراوانند ، اما کی بود کس را ؟
چنین صبرِ کم و دردِ فراوانی که من دارم

غم عشق تو ، هردم آتشی در دل بر افروزد
بسوزد خانه را ، نا خوانده مهمانی که من دارم

بترکِ جان مسکین از غم دل راضیم ، اما
بلب از ناتوانی کی رسد، جانی که من دارم؟

بگفتم چارهٔ کار دل سرگشته کن ، گفتا :
بسازد کارِ او ، برگشته مژگانی که من دارم

ندارد صبح روشن ، روی خندانی که او دارد
ندارد ابر نیسان ، چشم گریانی که من دارم

زخون رنگین بودچون برگِ گُل اوراق این دفتر
مصیبت‌نامهٔ دلهاست ، دیوانی که من دارم

رهی ، از موج گیسوئی دلم چون اشک میلرزد
بموئی بسته امشب ، رشتهٔ جانی که من دارم

اردیبهشت ماه ۱۳۲۸

آه آتشناك

چون شمع نیمه جان، بهوای تو سوختیم
با گریه ساختیم و بپای تو سوختیم

اشکی که ریختیم، بیاد تو ریختیم
عمری که سوختیم، برای تو سوختیم

پروانه سوخت یکشب و آسود جان او
ما عمرها، ز داغ جفای تو سوختیم

دیشب که یار، انجمن افروز غیر بود
ای شمع، تا سپیده بجای تو سوختیم

کوتاه کن حکایت شبهای غم، رهی
کز برق آه و سوز نوای تو سوختیم

دیماه ۱۳۳۹

ماجرای نیمشب

یافتم روشندلی ، از گریه های نیمشب
خاطری چون صبح دارم از صفای نیمشب

شاهد معنی که دل سرگشته از سودای اوست
جلوه بر من کرد در خلوت سرای نیمشب

در دل شب، دامن دولت بدست آمد مرا
گنج گوهر یافتم ، از گریه‌های نیمشب

دیگرم الفت به خورشید جهان افروز نیست
تا دلِ درد آشنا شد ، آشنای نیمشب

نیمشب با شاهد گلبن در آمیزد نسیم
بوی آغوش تو آید ، از هوای نیمشب

نیست حالی در دل شاعر، خیال انگیزتر
از سکوتِ خلوتِ اندیشه زای نیمشب

با امید وصل، از دردِ جدائی باک نیست
کاروان صبح آید ، از قفای نیمشب

همچو گل امشب رهی، از پای تا سر گوش باش
تا سرایم قصه‌ای ، از ماجرای نیمشب

شهریورماه ۱۳۳۲

شراب بوسه

شکسته جلوهٔ گلبرگ، از بر و دوشت
دمیده پرتو مهتاب، از بناگوشت

مگر بدامن گل، سر نهاده‌ای شب دوش؟
که آید از نفسِ غنچه، بوی آغوشت

میان آنهمه ساغر که بوسه می‌افشاند
بر آتشین لبِ جان پرور قدح نوشت،

شرابِ بوسهٔ من، رنگ و بوی دیگر داشت
مباد گرمیِ آن بوسه‌ها، فراموشت

ترا چو نکهتِ گل، تابِ آرمیدن نیست
نسیمِ غیر، ندانم چه گفت در گوشت؟

رهی، اگر چه لب از گفتگو فرو بستی
هزار شِکوه سراید، نگاهِ خاموشت

خردادماه ۱۳۳۱

پردهٔ نیلی

رفتیم و پای بر سر دنیا گذاشتیم
کار جهان ، باهل جهان واگذاشتیم

چون آهوی رمیده ، زوحشت‌سرای شهر
رفتیم و سر بدامن صحرا گذاشتیم

ما را بآفتاب فلک هم ، نیاز نیست
این شوخ دیده را به مسیحا گذاشتیم

بالای هفت پردهٔ نیلی است جای ما
پا چون حُباب بر سر دریا گذاشتیم

ما را بس است جلوه‌گه شاهدان قدس
« دنیا ، برای مردم دنیا گذاشتیم »

کوتاه شد ز دامن ما ، دست حادثات
تا دست خود بگردن مینا گذاشتیم

شاهد که سرکشی نکند، دلفریب نیست
فهم سخن ، بمردم دانا گذاشتیم

در جستجوی یار دلازار ، کس نبود
این رسم تازه را بجهان ما گذاشتیم

ایمن ز دشمنیم ، که با دشمنیم دوست
بنیان زندگی ،   بمدارا گذاشتیم

صد غنچهٔ دل ، از نفس ما شکفته شد
هر جا که چون نسیم سحر ، پاگذاشتیم

ما شکوه از کشاکش دوران نمی‌کنیم
موجیم و کار خویش بدریا گذاشتیم

از ما بروزگار ، حدیث وفا بس است
نگذاشتیم گر اثری ، یاگذاشتیم

بودیم شمع محفل روشندلان ، رهی
رفتیم و داغ خویش بدلها گذاشتیم

دیماه ۱۳۳۰

فریاد بی اثر

از صحبت مردم ، دل ناشاد گریزد
چون آهوی وحشی، که ز صیاد گریزد

پروا کند از باده کشان ، زاهد غافل
چون کودک نادان ، که ز استاد گریزد

دریاب ، که ایام گُل و صبح جوانی
چون برق کند جلوه و چون باد گریزد

شادی کن اگر طالب آسایش خویشی
کآسودگی از خاطر ناشاد گریزد

غم در دل روشن نزند خیمهٔ اندوه
چون بوم ، که از خانهٔ آباد گریزد

فریاد ، که در دام غمت سوختگان را
صبر از دل و تأثیر ز فریاد گریزد

گر چرخ دهد قوت پرواز ، رهی را
چون بوی گُل از گلشن ایجاد گریزد

بهمن ماه ۱۳۳۰

صفای شبنم

اورا بر نگ و بوی ، نگویم نظیر نیست
گلبن نظیر اوست ، ولی دلپذیر نیست

ما را نسیم کوی تو ، از خاک بر گرفت
خاشاک را بغیر صبا ، دستگیر نیست

گلبانگ نی اگرچه بود دلنشین ، ولی
آتش اثر ، چو نالهٔ مرغ اسیر نیست

غافل مشو ز عمر ، که ساکن نمیشود
سیل عنان گسسته ، اقامت پذیر نیست

روی نکو ، به طینت صافی نمیرسد
گل را صفای شبنم روشن ضمیر نیست

با عمر ساختیم ز دل مردگی ، رهی
ماتم رسیده را ، ز تحمل گزیر نیست

دیماه ۱۳۴۰

بارگران

زندگی بر دوش ما بارگرانی بیش نیست
عمر جاویدان ، عذاب جاودانی بیش نیست

لاله بزم آرای گلچین گشت و گل دمساز خار
زین گلستان بهرهٔ بلبل ، فغانی بیش نیست

میکند هر قطرهٔ اشکی ، ز داغی داستان
گر چو شمعم شکوهٔ دل را زبانی بیش نیست

آنچنان دور از لبش بگداختم ، کز تاب درد
چون نی، اندام نحیفم استخوانی بیش نیست

من اسیرم در کف مهر و وفای خویشتن
ورنه او سنگین دل نامهربانی بیش نیست

تکیه بر تاب و توان کم کن، که در میدان عشق
آن ز پا افتاده‌ای ، وین ناتوانی بیش نیست

قوت بازو سلاح مرد باشد ، کآسمان
آفت خلق است و در دستش کمانی بیش نیست

هر خس و خاری در این صحرا بهاری داشت، لیک
سر بسر دوران عمر ما، خزانی بیش نیست

ای گل از خون رهی پروا چه داری؟ کان ضعیف
پر شکسته طایر بی آشیانی بیش نیست

شهریور ۱۳۲۰

ساز سخن

آب بقا کجا و لب نوش او کجا؟
آتش کجا و گرمی آغوش او کجا

سیمین و تابناک بود روی مه، ولی
سیمینه مه کجا و بناگوش او کجا؟

دارد لبی، که مستی جاوید میدهد
مینای می کجا و لب نوش او کجا؟

خفتم ببادِ یار در آغوش گُل، ولی
آغوش گُل کجا و بر و دوش او کجا؟

بی سوز عشق، ساز سخن چون کند رهی؟
بانگ طرب کجا، لب خاموش او کجا؟

اردیبهشت ماه ۱۳۲۸

ستارهٔ بازیگر

تا گریزان گشتی ای نیلوفری چشم از برم
در غمت از لاغری ، چون شاخهٔ نیلوفرم

تا گرفتی از حریفان جام سیمین ، چون هلال
چون شفق ، خونابهٔ دل می‌چکد از ساغرم

خفته‌ام امشب ، ولی جای من دل سوخته
صبحدم بینی که خیزد دود آه از بسترم

تار و پود هستیم بر باد رفت ، اما نرفت
عاشقی‌ها از دلم ، دیوانگی‌ها از سرم

شمع لرزان نیستم تا ماند از من اشک سرد
آتشی جاوید باشد ، در دل خاکسترم

سرکشی آموخت بخت از یار ، یا آموخت یار
شیوهٔ بازیگری ، از طالع بازیگرم ؟

خاطرم را الفتی با اهل عالم نیست نیست
کز جهانی دیگرند و از جهانی دیگرم

گرچه ما را کار دل ، محروم از دنیا کند
نگذرم از کار دل ، وز کار دنیا بگذرم

شعر من رنگ شب و آهنگ غم دارد ، رهی
زانکه دارد نسبتی ، با خاطر غم پرورم

دی ماه ۱۳۳۸

سوسن وحشی

دوش تا آتش می ، از دلِ پیمانه دمید
نیمشب ، صبح جهانتاب ز میخانه دمید

روشنی بخش حریفان، مه و خورشید نبود
آتشی بود کــه از بادهٔ مستانه دمید

چه غم ار شمع فرومرد ، کـه از پرتو عشق
نور مهتاب ز خاکسترِ پروانه دمید

عقلِ کوته نظر ، آهنگِ نظربازی کرد
تا پریزاد من امشب ز پریخانه دمید

جلوه‌ها کردم و نشناخت مرا اهل دلی
منم آن سوسن وحشی ، که بویرانه دمید

آتش انگیز بود بادهٔ نوشین ، گوئی
نفسِ گرمِ رهی ، از دلِ پیمانه دمید

مردادماه ۱۳۳۷

آغوش صحرا

عیبجو، دلدادگان را سرزنش ها میکنند
وای اگر با او کند دل، آنچه با ما میکند

باغم جانسوز، میسازد دل مسکین من
مصلحت بین است و بادشمن مدارا میکند

عکس او در اشک من، نقشی خیال انگیز داشت
ماه سیمین، جلوه ها در موج دریا میکند

از طربناکی برقص آید سحر گه چون نسیم
هر که چون گُل خواب در آغوشِ صحرا میکند

خاکپای آن تهی دستم، که چون ابر بهار
بر سر عالم فشاند، هرچه پیدا میکند

دیدۀ آزاد مردان، سوی دنیای دل است
سِفله باشد، آنکه روی دل بدنیا میکند

عشق و مستی را از این عالم بدان عالم بریم
در نماند، هر که امشب فکر فردا میکند

همچو آن طفلی که در وحشت سرائی مانده است
دل درونِ سینه ام بی طاقتی ها میکند

هر که تاب منت گردون ندارد چون رهی
دولت جاوید را از خود تمنا میکند

مردادماه ۱۳۴۰

جامهٔ سرخ

غنچهٔ نو شکفته را ماند
نرگسِ نیم خفته را ماند

دامن افشان گذشت و باز نگشت
عمر از دست رفته را ماند

قدِ موزونِ او، بجامهٔ سرخ
سروِ آتش گرفته را ماند

نیمه جان شد دل از تغافلِ یار
صید از یاد رفته را ماند

سوزِ عشقِ تو خیزد از نفسم
بویِ در گُل نهفته را ماند

رفته از نالهٔ رهی تأثیر
حرفِ بسیار گفته را ماند

آبان ماه ۱۳۳۷

سراپا آتشم

تا قیامت میدهد، گرمی بدنیا آتشم
آفتاب روشنم ، نسبت مکن با آتشم

شعله خیز از دل بحر خروشان، جای موج
گر بگیرد یکنفس در هفت دریا آتشم

چیست عالم؟ آتشی با آب و خاک آمیخته
من نه از خاکم نه از آبم ، که تنها آتشم

شمع لرزان وجودم را، شبی آرام نیست
روزها افسرده ام چون آب و شبها آتشم

اشک جانسوزم، اثرها چون شرر باشد مرا
قطرهٔ آبم بچشم خلق ، اما آتشم

در رگ و در ریشهٔ من اینهمه گرمی ز چیست؟
شور عشقم ، یا شراب کهنه ام ، یا آتشم

از حریم خواجهٔ شیراز میآیم ، رهی
پای تا سر مستی و شورم ، سراپا آتشم

شیراز فروردین ماه ۱۳۳۸

آشیانهٔ تهی

همچو مجنون، گفتگو با خویشتن باید مرا
بی‌زبانم ، همزبانی همچو من باید مرا

تا شوم روشنگر دلها ، بآه آتشین
گرم خوئی‌های شمع انجمن باید مرا

رشك می‌آید مرا از جامه بر اندام تو
با تو ای گل، جای در یك پیرهن باید مرا

آشیان بی طایر دستانسرا ، ویرانه به
چند با دل مردگی‌ها ، پاس تن باید مرا؟

تا ز خاطر کوه محنت را بر اندازم ، رهی
همت مردانه‌ای ، چون کوه‌کن باید مرا

آبان ماه ۱۳۲۶

رشتهٔ هوس

سیاهکاری ما ، کم نشد ز موی سپید
بترک خواب نگفتیم و صبحدم خندید

ز تیغ بازی گردون ، هواپرستان را
نفس برید ، ولی رشتهٔ هوس نبرید

چو مفلسی که بدنبال کیمیا گردد
جهان بگشتم و آزاده ای نگشت پدید

اگر نمی‌طلبی رنج نا امیدی را
ز دوستان و عزیزان، مدار چشم امید

طمع بخاك فرو میبرد حریصان را
ز حرص بر سر قارون رسید، آنچه رسید

درود بر دل من باد ، کز ستم کیشان
ستم کشید ، ولی بار منتی نکشید

ز گرد حادثه، روشندلان چه غم دارند
غبار تیره ، چه نقصان دهد بصبح سپید؟

از آن بگوهر اشکم ستاره میخندد
که تابناك تر از خود نمیتواند دید

۷۸

ند هر که نظم دهد دفتری نظیر من است
ند هر که ساز کند نغمه‌ای، بود ناهید

ز چشمه، گوهر غلطان کجا پدید آید؟
درون سینهٔ دریاست، جای مروارید

از آن شبی، که رهی دید صبح روی ترا
شبی نرفت، که چون صبح جامه‌ای ندرید

آذر ماه ۱۳۴۰

بوسهٔ نسیم

همراه خود ، نسیم صبا میبرد مرا
یارب ، چو بوی گُل بکجا میبرد مرا ؟

سوی دیار صبح رود ، کاروان شب
باد فنا ، بملک بقا میبرد مرا

با بال شوق ، ذره بخورشید میرسد
پروازِ دل ، بسوی خدا میبرد مرا

گفتم که بوی عشق ، کرا میبرد زخویش ؟
مستانه گفت دل ، که مرا میبرد مرا

برگ خزان رسیدهٔ بی‌طاقتم ، رهی
یک بوسهٔ نسیم ، ز جا میبرد مرا

آبانماه ۱۳۴۰

شمع خاموش

منع خویش ازگریه و زاری نمی‌آید ز من
طفل اشکم ، خویشتن داری نمی‌آید ز من

باگل و خار جهان ، یکرنگم از روشندلی
صبح سیمینم ، سیه کاری نمی‌آید ز من

آتشی ، بوئی ز دلجوئی نمی‌آید ز تو
چشمه‌ام ، کاری بجز زاری نمی‌آید ز من

ای دل رنجور ، از من چشم همدردی مدار
خستهٔ دردم ، پرستاری نمی‌آید ز من

امشب ازمن نکتهٔ موزون چه میجوئی، رهی
شمع خاموشم ، گهرباری نمی‌آید ز من

خردادماه ۱۳۳۵

داغ محرومی

ساختم با آتش دل ، لاله زاری شد مرا
سوختم خار تعلق ، نوبهاری شد مرا

سینه را چون گُل زدم چاك اول از بیطاقتی
آخر از زندان تن ، راه فراری شد مرا

نیکخوئی پیشه کن، تا از بدی ایمن شوی
کینه از دشمن بریدم ، دوستداری شد مرا

هر چراغی در ره گمگشته ای افروختم
در شب تار عدم ، شمع مزاری شد مرا

دل بداغ عشق خوش کردم، گُل از خارم دمید
خو گرفتم با غم دل ، غمگساری شد مرا

گوهر تنهائی از فیض جنون دارم بدست
گوشهٔ ویرانه ، گنج شاهواری شد مرا

کج نهادان راز کس باور نیاید حرف راست
عیبِ خود بی پرده گفتم ، پرده داری شد مرا

پیش پیکان بلا ، سنگ مزارم شد سپر
جا بصحرای عدم کردم ، حصاری شد مرا

چون نسوزم شمع سان؟ کز داغ محرومی رهی
بر جگر هر شعلهٔ آهی ، شراری شد مرا

آذرماه ۱۳۱۹

برق نگاه

بروی سیل گشادیم راه خانهٔ خویش
بدست برق سپردیم آشیانهٔ خویش

مرا چه حد که زنم بوسه آستین ترا
همین قدر تو مرانم ز آستانهٔ خویش

بجز تو کز نگهی سوختی دل ما را
بدست خویش، که آتش زند بخانهٔ خویش

مخوان حدیث رهائی، که الفتی است مرا
بنالهٔ سحر و گریهٔ شبانهٔ خویش

ز رشک تا که هلاکم کند، بدامن غیر
چو گل نهد سر و مستی کند بهانهٔ خویش

فریب خال لبش خوردم و ندانستم
که دام کرده نهان، در قفای دانهٔ خویش

رهی، بناله دهی چند درد سر ما را؟
بمیر از غم و کوتاه کن فسانهٔ خویش

مهرماه ۱۳۱۳

خشکسال ادب

دگر ز جان من ای سیمبر چه میخواهی؟
ربوده‌ای دل زارم، دگر چه میخواهی؟

مریز دانه، که ما خود اسیر دام تو ایم
ز صید طایر بی بال و پر چه میخواهی؟

اثر ز نالهٔ خونین دلان، گریزان است
ز ناله، ای دل خونین، اثر چه میخواهی؟

بگریه بر سر راهش فتاده بودم دوش
بخنده گفت: ازین رهگذر چه میخواهی؟

چه پُرسی از من مدهوش، راز هستی را
ز مستِ بی خبر از خود، خبر چه میخواهی؟

نهاده ام سر تسلیم، زیر شمشیرت
بیار بر سرم ای عشق، هر چه میخواهی!

کنون که بی هنرانند کعبهٔ دل خلق
چو کعبه، حرمتِ اهل هنر چه میخواهی؟

بغیر آنکه بیفتد ز چشم ها چون اشک
بجلوه گاهِ خزف، از گهر چه میخواهی؟

رهی، چه می‌طلبی نظم آبدار از من؟
بخشکسال ادب، شعر تر چه میخواهی؟

مهر ماه ۱۳۱۴۰۵

حاصل عمر

بسکه جفا ز خار و گُل، دید دل رمیده‌ام
همچو نسیم از این چمن، پای برون کشیده‌ام

شمع طرب ز بخت ما، آتش خانه سوزشد
گشت بلای جان من، عشق بجان خریده‌ام

حاصل دور زندگی، صحبت آشنا بُود
تا تو ز من بریده‌ای، من ز جهان بریده‌ام

تا بکنار من بودی، بود بجا قرار دل
رفتی و رفت راحت از خاطر آرمیده‌ام

تا تو مراد من دهی، کُشته مرا فراق تو
تا تو بداد من رسی، من بخدا رسیده‌ام

چون ببهار سرکند لاله ز خاک من برون
ای گل تازه، یاد کن از دل داغدیده‌ام

یا ز ره وفا بیا، یا ز دل رهی برو
سوخت در انتظار تو، جان بلب رسیده‌ام

مرداد ۱۳۱۹

جلوهٔ نخستین

رخم چو لاله ز خون ابدیده، رنگین است
نشان قافله سالار عاشقان، این است

مبین بچشم حقارت بخون دیدهٔ ما
که آبروی صراحی، باشک خونین است

ز آشنائی ما عمرها گذشت و هنوز
بدیدهٔ همّت آن جلوهٔ نخستین است

نداد بوسه و این با که میتوان گفتن؟
که تلخکامی ما، ز آن دهان شیرین است

برهنمائی عقل، از بلا چه پرهیزی؟
بلای جان تو این عقل مصلحت بین است

بروشنان، چه بری شکوه از سیاهی بخت
که اختر فلکی نیز چون تو مسکین است

بغیر خون جگر نیست بی نصیبان را
زمانه را چه کنه چون نصیب ما این است

رهی، زلاله و گل نشکفد بهار مرا
بهار من، گل روی امیر و گلچین است

آبان ماه ۱۳۲۷

بوسهٔ جام

تو سوز آه من ای مرغ شب چه میدانی؟
ندیده‌ای شب من، تاب و تب چه میدانی؟

بمن گذار که لب بر لبش نهم، ای جام
تو قدر بوسهٔ آن نوش لب چه میدانی؟

چو شمع و گل، شب و روزت بخنده میگذرد
تو گریهٔ سحر و آه شب چه میدانی؟

بلای هجر، زهر درد جانگدازتر است
ندیده داغ جدائی، تعب چه میدانی؟

رهی، به محفل عشرت به نغمه لب مگشای
تو دل شکسته، نوای طرب چه میدانی؟

شهریورماه ۱۳۱۶

نالهٔ جویبار

گرچه روزی تیره تر از شام غم باشد مرا
در دلِ روشن ، صفای صبحدم باشد مرا

زر پرستی خواب راحت را ز نرگس دور کرد
صرف عشرت میکنم گر یك درم باشد مرا

خواهش دل هر چه کمتر ، شادی جان بیشتر
تا دلی بی آرزو باشد ، چه غم باشد مرا

در کنار من ز گرمی بر کناری ، ای دریغ
وصل و هجران و غم و شادی ، بهم باشد مرا

در خروش آیم ، چو بینم کج نهادیهای خلق
جویبارم ، ناله از هر پیچ و خم باشد مرا

گرچه در کارم چو انجم عقده ها باشد ، رهی
چهرهٔ بگشاده‌ای ، چون صبحدم باشد مرا

مرداد ماه ۱۳۳۲

گیاه اندوه

نی افسرده‌ای، هنگام گلُ روید ز خاک من
که برخیزد از آن نی، ناله‌های دردناک من

مزار من، اگر فردوس شادی آفرین باشد
بجای لاله و گل، خارغم روید ز خاک من

مخند ای صبح بی‌هنگام، کامشب سازشی دارد
نوای مرغ شب، با خاطر اندوهناک من

نیم چون خاکیان، آلودهٔ گرد کدورت‌ها
صفای چشمهٔ مهتاب دارد، جان پاک من

چو دشمن از هلاک من «رهی» خشنود می‌گردد
بمیرم، تا دلی خشنود گردد از هلاک من

فروردین ۱۳۲۲

سرگشته

بی روی تو ، راحت ز دل زار گریزد
چون خواب که از دیدهٔ بیمار گریزد

در دام تویک شب، دلم از ناله نیاسود
آسودگی از مرغ گرفتار گریزد

از دشمن و از دوست گریزیم و عجب نیست
سرگشته نسیم از گل و از خار گریزد

شب تا سحر از نالهٔ دل ، خواب ندارم
راحت بشب از چشم پرستار گریزد

دیوار، ندانم شود از گریهٔ من پست ؟
یا از من مسکین ، درو دیوار گریزد

ایدوست بیازار مرا ، هرچه توانی
دل نیست اسیری که ز آزار گریزد

زین بیش، رهی ناله مکن در بر آن شوخ
ترسم که ز نالیدن بسیار گریزد

تیرماه ۱۳۱۶

یار دیرین

بسوی ما ، گذار مردم دنیا نمی‌افتد
کسی غیر از غمِ دیرین ، بیادها نمی‌افتد

ز بس چون غنچه از پاس حیا، سر در گریبانم
نگاهِ من ، بچشم آن سَهی بالا نمی‌افتد

بپای گلبنی جان داده‌ام ، اما نمیدانم
که میافتد بخاکم سایهٔ گُل ، یا نمی‌افتد

رود هر ذرهٔ خاکم ، بسوئی با پری روئی
غبارِ من بصحرای طلب ، از پا نمی‌افتد

نصیبِ ساغر می‌شد، لبِ جانانه بوسیدن
رهی، دامانِ این دولت بدستِ ما نمی‌افتد

شهریورماه ۱۳۳۰

حصار عافیت

نسیم وصل ، با افسردگان چه خواهد کرد؟
بهار تازه ، به برگ خزان چه خواهد کرد؟

بمن که سوختم از داغ مهربانی خویش
فراق و وصل تو نامهربان چه خواهد کرد؟

سرای خانه بدوشی ، حصار عافیت است
صبا بطایر بی آشیان چه خواهد کرد؟

ز فیض ابر ، چه حاصل گیاه سوخته را؟
شراب با من افسرده جان چه خواهد کرد؟

مکن تلاش ، که نتوان گرفت دامن عمر
غبار بادیه ، با کاروان چه خواهد کرد؟

بباغ خلد نیاسود جان علوی ما
بحیرتم که در این خاکدان چه خواهد کرد؟

صفای بادهٔ روشن ، ز جوش سینهٔ اوست
تو چاره ساز خودی ، آسمان چه خواهد کرد؟

بمن که از دو جهان فارغم بدولت عشق
رهی ، ملامت اهل جهان چه خواهد کرد؟

اسفندماه ۱۳۴۱

ساغر خورشید

زلف و رخسار تو، ره بر دل بیتاب زنند
رهزنان قافله را در شب مهتاب زنند

شکوه‌ای نیست ز طوفان حوادث ما را
دل بدریا بزدگان، خنده بسیلاب زنند

جرعه نوشان تو ای شاهد علوی، چون صبح
باده از ساغر خورشید جهانتاب زنند

خاکساران ترا، خانه بود بر سر اشک
خس و خاشاک، سراپرده بگرداب زنند

گفتم: از بهر چه پوئی ره میخانه، رهی
گفت: آنجاست که بر آتش غم، آب زنند

آذرماه ۱۳۴۱

آئینهٔ روشن

ز کینه دور بود ، سینه‌ای که من دارم
غبار نیست بر آئینه‌ای که من دارم

ز چشم پر گهرم ، اختران عجب دارند
که غافلند ز گنجینه‌ای که من دارم

بهجر و وصل، مرا تاب آرمیدن نیست
یکیست شنبه و آدینه‌ای که من دارم

سیاهی از رخ شب میرود، ولی از دل
نمیرود غم دیرینه‌ای که من دارم

تو اهل درد نه‌ای ، ورنه آتشی جانسوز
زبانه می‌کشد از سینه‌ای که من دارم

رهی ، ز چشمهٔ خورشید تابناک‌تر است
بروشنی ، دل بی‌کینه‌ای که من دارم

آذرماه ۱۳۳۶

دریا دل

دور از تو هر شب تا سحر، گریان چو شمع محفلم
تا خود چه باشد حاصلی، از گریهٔ بی‌حاصلم؟

چون سایه دور از روی تو، افتاده‌ام در کوی تو
چشم امیدم سوی تو، وای از امید باطلم

از بسکه با جان و دلم، ای جان و دل آمیخته‌ای
چون نکهت از آغوش گل، بوی تو خیزد از گِلم

لبریز اشکم جام کو؟ آن آب آتش فام کو؟
وآن مایهٔ آرام کو؟ تا چاره سازد مشکلم

در کار عشقم یار دل، آگاهم از اسرار دل
غافل نیم از کار دل، وز کار دنیا غافلم

در عشق و مستی داده‌ام، بود و نبود خویشتن
ای ساقی مستان بگو، دیوانه‌ام یا عاقلم؟

چون اشک می‌لرزد دلم از موج گیسوئی، رهی
با آنکه در طوفان غم، دریا دلم دریا دلم

دیماه ۱۳۳۶

سیه مست

وای از این افسردگان، فریاد اهل درد کو؟
نالهٔ مستانهٔ دلهای غم پرورد کو؟

ماه مهرآئین که میردباده با رندان کجاست
باد مشکین دم که بوی عشق می‌آورد کو؟

در بیابان جنون سرگشته‌ام چون گرد باد
همرهی باید مرا، مجنون صحراگرد کو؟

بعد مرگم، می‌کشان گویند در میخانه‌ها:
آن سیه مستی که خم‌ها را تهی میکرد کو؟

پیش امواج حوادث، پایداری سهل نیست
مرد باید تا نیندیشد ز طوفان، مرد کو؟

دردمندان را دلی چون شمع می‌باید، رهی
گرنه ای بی‌درد، اشک گرم و آه سرد کو؟

آذرماه ۱۳۴۲

پشیمانی

دل زود باورم را ، بکرشمه ای ربودی
چو نیاز ما فزون شد ، تو بناز خود فزودی

بهم الفتی گرفتیم ، ولی رمیدی از ما
من و دل همان که بودیم و تو آن ندای که بودی

من از آن کشم ندامت ، که ترا نیازمودم
تو چرا ز من گریزی ، که وفایم آزمودی

ز درون بُود خروشم ، ولی از لبِ خموشم،
نه حکایتی شنیدی ، نه شکایتی شنودی

چمن از تو خرّم ای اشك روان، که جویباری
خجل از تو چشمه ای چشم رهی، که زنده رودی

شهریورماه ۱۳۴۰

آزاده

بر خاطر آزاده ، غباری ز کسم نیست
سروِ چمنم، شکوه‌ای از خار و خسم نیست

از کوی تو ، بی ناله و فریاد گذشتم
چون قافلهٔ عمر ، نوای جرسم نیست

افسرده ترم از نفس باد خزانی
کآن نوگل خندان، نفسی همنفسم نیست

صیاد ز پیش آید و گرگ اجل از پی
آن صید ضعیفم که ره پیش و پسم نیست

بی‌حاصلی و خواری من بین که در این باغ
چون خار ، بدامان گلی دسترسم نیست

از تنگدلی ، باسِ دل تنگ ندارم
چندان کشم اندوه ، که اندوهِ کسم نیست

امشب «رهی» از میکده بیرون ننهم پای
آزردهٔ دردم ، دو سه پیمانه بسم نیست

بهمن ماه ۱۳۳۲

مکتب عشق

هر شب فزاید ، تاب و تب من
وای از شب من ، وای از شب من

یا من رسانم ، لب بر لب او
یا او رساند ، جان بر لب من

استاد عشقم ، بنشین و بر خوان
درس محبت ، در مکتب من

رسم دو رنگی ، آئین ما نیست
یکرنگ باشد ، روز و شب من

گفتم رهی را ، کامشب چه خواهی؟
گفت آنچه خواهد نوشین لب من

آبانماه ۱۳۴۰

در سایهٔ سرو

حال تو روشن است دلا ، از ملال تو
فریاد از دلی ، که نسوزد بحال تو

ای نوش لب که بوسه بما کرده ای حرام
گر خون ما چو باده بنوشی حلال تو

یاران چو گُل بسایهٔ سرو آرمیده اند
ما و هوای قامت با اعتدال تو

در چشم کس وجود ضعیفم پدید نیست
باز آ ، که چون خیال شدم از خیال تو

در کار خود زمانه زما ، ناتوان تر است
با ناتوان تر از تو چه باشد جدال تو ؟

خار زبان دراز ، بگُل طعنه میزند
در چشم سفله ، عیب تو باشد کمال تو

ناساز گشت نغمهٔ جان پرورت ، رهی
باید که دست عشق دهد گوشمال تو

مرداد ۱۳۳۲

حلقهٔ موج

گه شکایت از گُلی، گه شکوه از خاری کنم
من نه آن رندم که غیر از عاشقی کاری کنم

هر زمان بی روی ماهی، همدم آهی شوم
هر نفس با یاد یاری، نالهٔ زاری کنم

حلقه های موج بینم، نقش گیسوئی کشم
خنده های صبح بینم، یاد رخساری کنم

گر سر یاری بود، بخت نگونسار مرا
عاشقی ها با سرِ زلفِ نگونساری کنم

باز نشناسد مرا از سایه، چشم رهگذار
تکیه چون از ناتوانیها، بدیواری کنم

درد خود را میبرد از یاد، گر من قصدای
از دلِ سرگشته، با صید گرفتاری کنم

نیست با ما لاله و گل را سر الفت، رهی
میروم تا آشیان در سایهٔ خاری کنم

مهرماه ۱۳۳۳

محنت سرای خاک

من کیستم؟ ز مردم دنیا رمیده‌ای
چون کوهسار ، پای بدامن کشیده‌ای

از سوز دل ، چو خرمن آتش گرفته‌ای
وز اشک غم ، چو کشتیِ طوفان رسیده‌ای

چون شام، بی رخ تو بماتم نشسته‌ای
چون صبح ، از غم تو گریبان دریده‌ای

سرکن نوای عشق، که از های و هوی عقل
آزرده‌ام ، چو گوشِ نصیحت شنیده‌ای

رفت از قفای او دل از خود رمیده‌ام
بیتاب تر ز اشکِ بدامن دویده‌ای

ما را چو گردباد ، ز راحت نصیب نیست
راحت کجا و خاطرِ ناآرمیده‌ای

بیچاره‌ای که چاره طلب میکند ز خلق
دارد امید میوه ، ز شاخ بریده‌ای

از بسکه خون فروچکد از تیغ آسمان
ماند شفق ، بدامنِ در خون‌کشیده‌ای

با جان تابناک ، ز محنت سرای خاک
رفتیم ، همچو قطرهٔ اشکی ز دیده‌ای

دردی که بهر جان رهی آفریده‌اند
یارب مباد قسمتِ هیچ آفریده‌ای

خرداد ۱۳۲۸

پیر هرات

بخت نا فرجام اگر با عاشقان یاری کند
یار عاشق سوز ما ، ترکِ دلازاری کند

بر گذرگاهش فرو افتادم از بیطاقتی
اشک لرزان، کی تواند خویشتن داری کند؟

چاره ساز اهل دل باشد ، می اندیشه سوز
کو قدح؟ تا فارغم از رنج هشیاری کند

دام صیاد از چمن دلخواه تر باشد مرا
من نه آن مرغم که فریاد از گرفتاری کند

عشق روزافزون من، از بیوفائی های اوست
میگریزم ، گر بمن روزی وفاداری کند

گوهر گنجینهٔ عشقیم از روشندلی
بین خوبان کیست، تا ما را خریداری کند؟

از دیار خواجهٔ شیراز می آید «رهی»
تا ثنای خواجه عبدالله انصاری کند

میرسد با دیدهٔ گوهرفشان همچون سحاب
تا بر این خاک عبیر آگین گهر باری کند

درمراسم یاد بود وفات خواجه عبدالله انصاری سروده شد   کابل ۵ مهرماه ۱۳۴۱

آتش جاوید

ستاره ، شعله‌ای از جان دردمند من است
سپهر ، آیتی از همت بلند من است

بچشم اهل نظر صبح روشنم ، ز آنروی
که تازه روئیِ عالم ، ز نوشخند من است

چگونه راز دلم همچو نی نهان ماند ؟
که داغ عشق توپیدا ، ز بند بند من است

در آتش از دل آزاده‌ام ، ولی غم نیست
پسند خاطر آزادگان ، پسند من است

رهی ، بمشت غباری چه التفات کنم ؟
که آفتاب جهانتاب ، در کمند من است

مهر ۱۰، ۱۳۳۸

زبان اشک

چون صبح نودمیده ، صفاگستر است اشک
روشنتر از ستارهٔ روشنگر است اشک

گوهر اگر ز قطرهٔ باران شود پدید
با آفتاب و ماه ، ز یک گوهر است اشک

با اشک ، هم اثر نتوان خواند ناله را
غم پرور است ناله و جان پروراست اشک

بارد ازو لطافت و تابد ازو فروغ
چون گوی سینهٔ بتِ سیمین بر است اشک

خاطر فریب و گرم و دلاویز و تابناک
همرنگ چهرهٔ تو پری پیکر است اشک

از داغِ آتشین لبِ ساغر نواز تو
در جان ماست آتش و در ساغر است اشک

با دردمند عشق تو ، همخانه است آه
با آشنای چشم تو ، هم بستر است اشک

لب بسته‌ای ز گفتن راز نهان ، رهی
غافل که از زبان تو گویاتر است اشک

مهرماه ۱۳۳۹

گلبانگ رود

نوای آسمانی آید از گلبانگ رود امشب
بیا ساقی که رفت از دل، غمِ بود و نبود امشب

فراز چرخ نیلی، نالهٔ مستانه‌ای دارد
دل از بام فلک دیگر نمی‌آید فرود امشب

که بود آن آهوی وحشی، چه بود آن سایهٔ مژگان؟
که تاب از من ستاند امروز و خواب از من ربود امشب

بیاد غنچهٔ خاموش او، سر در گریبانم
ندارم با نسیم گل، سرِ گفت و شنود امشب

ز بس بر تربت صائب، عنانِ گریه سر دادم
رهی، از چشمهٔ چشمم خجل شد زنده رود امشب

در آرامگاه صائب سروده شد، اصفهان اردیبهشت ماه ۱۳۲۴

شکوهٔ ناتمام

نسیم عشق، ز کوی هوس نمی‌آید
چراکه بوی گل از خار و خس نمی‌آید

ز نارسائیِ فریاد آتشین، فریاد
که سوخت سینه و فریادرس نمی‌آید

برِ گذار طلب، آبروی خویش مریز
که همچو اشک روان، بازپس نمی‌آید

ز آشنائی مردم رمیده‌ایم، رهی
که بوی مردمی از هیچ‌کس نمی‌آید

شهریور ماه ۱۳۴۱

خانه برانداز

هستیم و ساز بی‌خبری ، ساز کرده‌ایم
غم را به حیله از سر خود ، باز کرده‌ایم

ای گلبن مراد ، مکن سرکشی ، مکن !
کز آشیان ، ببوی تو پرواز کرده‌ایم

پَرکنده‌ایم خانهٔ هستی ، به موج اشک
ما ، کارِ سیلِ خانه برانداز کرده‌ایم

از داغ آتشین لب او ، همچو نای و نی
دل را ، بناله زمزمه پرداز کرده‌ایم

چون شبنمی ، که برورقِ گل چکد، رهی
اشکی ، نثار خواجهٔ شیراز کرده‌ایم

فروردین‌ماه ۱۳۳۵

عقدهٔ دشوار

ای بادهٔ نوشین ، نگشائی دل ما را
مشکل ، که کسی چاره کند مشکل ما را

هرچند که موری به کم آزاری ما نیست
آزار دهد ، هر که تواند دل ما را

هرخندهٔ ما ، شمع صفت مایهٔ اشکی است
با گریه سرشتند تو گوئی گل ما را

پروانهٔ پر سوخته را ، بیم شرر نیست
از برق چه اندیشه بود حاصل ما را ؟

از سینه بر انگیز رهی ، شعلهٔ آهی
شاید که شبی گرم کنی محفل ما را

آبانماه ۱۳۴۰

دامن دریا

کُنج غم هست، اگر بزم طرب جایم نیست
هست خون دل، اگر باده به مینایم نیست

بسراپای تو، ای سرو سهی قامت من
کز تو فارغ سرِ موئی، بسرا پایم نیست

تو تماشاگه خلقی و من از بادهٔ شوق
مستم آنگونه، که یارای تماشایم نیست

چه نصیبی است، کز آن چشمهٔ نوشینم هست؟
چه بلائی است، کز آن قامت و بالایم نیست؟

گوهری نیست بیازار ادب، ورنه رهی
دامن دریا، چون طبع گهر زایم نیست

۱۳۱۵

لذّت غم

فارغ دلان ، ز لذت غم دور بوده‌اند
این گمرهان ، ز وصل حرم دور بوده‌اند

افسانه است در برشان ، حال یکدگر
از بسکه خلق از دلِ هم دور بوده‌اند

آخر فرا رسند ، بسر منزل نخست ،
چندی گر از دیار عدم دور بوده‌اند

گر ماه من ز مهر بود دور ، دور نیست
تا بوده ، مهر و ماه زهم دور بوده‌اند

بوده است خلق را نفس واپسین ، رهی
گر یك نفس ، ز رنج و الم دور بوده‌اند

۱۳۲۰

راحت زجان خسته ، چه می‌جوئی ؟
طاقت زمرغ بسته ، چه میخواهی ؟

چند تغزل

بنفشهٔ سخنگوی

بنفشه زلف من ، ای سروقد نسرین تن
که نیست چون سرزلفت بنفشه و سوسن

بنفشه زی تو فرستادم و خجل ماندم
که گل کسی نفرستد بهدیه زی گلشن

بنفشه گر چه دلاویز و عنبر آمیز است
خجل شود بر آن زلف همچو مُشک خُتن

چو گیسوی تو ندارد بنفشه حلقه و تاب
چو طُرهٔ تو ندارد بنفشه چین و شکن

گل و بنفشه چو زلف و رُخت بر نگ و بیوی
کجاست ، ای رخ و زلف گل و بنفشهٔ من

بجعد آن نکند کاروان دل منزل
بشاخ این نکند شاهبازِ جان مسکن

بنفشه در بر مویت فکنده سر در جیب
گل از نظارهٔ رویت دریده پیراهن

که عارض تو بود از شکوفه یک خروار
که طرهٔ تو بود از بنفشه یک خرمن

بنفشه سایه ز خورشید افکند بر خاک
بنفشهٔ تو بخورشید گشته سایه فکن

ترا بحسن وطراوت، جز این نیارم گفت
« که از زمانه بهاری و از بهار چمن »

نهفته آهن در سنگ خاره است و ترا
درون سینهٔ چون گل، دلی است از آهن

اگر چه پیش دو زلفت بنفشه بی قدر است
بسان قطره بدریا و سبزه در گلشن

بنفشه های مرا قدردان، که بوده شبی
بیاد موی تو، مهمان آب دیدهٔ من

بنفشه های من از من ترا پیام آرند
تو گوش باش چو گل، تا کند بنفشه سخن:

که ای شکسته بهای بنفشه از سر زلف
دل رهی را، چو زلف خویشتن مشکن

فروردین ماه ۱۳۲۱

سایهٔ گیسو

ای مشک سوده، گیسوی آن سیمگون تنی؟
یا خرمن عبیری ، یا پار سوسنی؟

سوسن نه ای، که بر سر خورشید افسری
گیسو نه ای ، که بر تن گلبرگ جوشنی

زنجیر حلقه حلقهٔ آن فتنه گستری
شمشاد سایه گستر آن تازه گلشنی

بستی بشب ره من ، مانا که شبروی
بردی ز ره دل من ، مانا که رهزنی

گه در پناه عارض آن مشتری رخی
گه در کنار ساعد آن پرنیان تنی

گر ماه و زهره، شب بجهان سایه افکنند
تو روز و شب به زهره و مه سایه افکنی

دلخواه و دلفریبی ، دلبند و دلبری
پُر تاب و پر شکنجی ، پُر مکر و پُر فنی

دامی تو یا کمند؟ ندانم براستی
دانم همی کـه آفت جـان و دل منی

از فتنه ات سیاه بود صبح روشنم
ای تیره شب ، که فتنه بر آن ماه روشنی

همرنگ روزگار منی ، ای سیاه فام
مانند روزگــار مرا نیز دشمنی

ای خرمن بنفشه و ای تودهٔ عبیر
ما را بجان گدازی ، چون برقِ خرمنی

ابر سیه نه ای ، ز چه پوشی عذار ماه ؟
دسترهی نه ای ، ز چه او را بگردنی ؟

دیماه ۱۳۲۴

ماه قدح نوش

هوشم ربوده ، ماه قدح نوشی
خورشید رویِ زهره بناگوشی

زنجیر دل ، ز جعد سیه سازی
گُلبرگِ تر ، به مشک سیه پوشی

از غم ، بسان سوزن زرینم
در آرزویِ سیم بر و دوشی

خون جگر بساغر من کرده
ساغـر زدستِ مدعیـان نوشی

بینم بلا ، ز نــرگس بیماری
دارم فغان ، زغنچهٔ خاموشی

دردا که نیست زآن بت نوشین لب
ما را نه بوسه‌ای و نه آغوشی

بالای او بسرو سهی ماند
مژگان او به بختِ رهی ماند

ای مشکبو نسیم سحرگاهی
ازمن بگو، بدان مه خرگاهی:

آه و فغان من، بفلک بر شد
سنگین دلت نیافته آگاهی

با آهنین دل تو، چه داند کرد؟
آهِ شب و فغانِ سحرگاهی

ای همنشین بیهده گو، تا چند
جان مرا، بخیره همی کاهی؟

راحت ز جان خسته، چه میجوئی؟
طاقت ز مرغ بسته، چه میخواهی؟

بینی، گر آن دو برگ شقایق را
دانی، بلای خاطر عاشق را

تیر ماه ۱۳۲۵

باده فروش

بنگر آن ماه روی باده فروش
غیرت آفتاب و غارت هوش

جامِ سیمین ، نهاده بر کف دست
زلفِ زرین ، فکنده بر سرِ دوش

غمزه‌اش راه دل زند ، که بیا
نرگسش جام می دهد ، که بنوش

غیر آن نوش لب ، که مستان را
جان و دل پرورد ز چشمهٔ نوش،

دیده‌ای ، آفتاب ماه بدست ؟
دیده‌ای ، ماهِ آفتاب فروش ؟

مهر ماه ۱۳۱۶

از ره غفلت ، بگدائی رسی
ور بخود آئی ، بخدائی رسی

منظومه ها

خلقت زن

کیم من ، دردمندی ، ناتوانی
اسیری ، خسته‌ای ، افسرده جانی

تذروی آشیان بر باد رفته
بدام افتاده‌ای ، از یاد رفته

دلم بیمار و لب خاموش و رخ زرد
همه سوز و همه داغ و همه درد

بود آسان علاج درد بیمار
چو دل بیمار شد ، مشکل شود کار

نه دمسازی ، که با وی راز گویم
نه یاری ، تا غم دل باز گویم

در این محفل چو من حسرت کشی نیست
بسوز سینهٔ من ، آتشی نیست

الهی در کمند زن نیفتی
وگر افتی ، بروز من نیفتی

میان بربسته چون خونخواره دشمن
دل‌آزاری ، بآزار دل من

دلم از خوی او ، دمساز درد است
زن بدخو ، بلای جان مرد است

زنان چون آتشند از تُندخوئی
زن و آتش ، ز یک جنسند گوئی

نه تنها نامـراد آن دل شکن باد
که نفرین خدا بر هرچه زن باد

نباشد در مقام حیله و فن
کم از ناپارسا زن ، پارسا زن

زنان در مکر و حیلت گونه‌گونند
زیانند و فـریبند و فسونند

چو زن یارکسان شد ، مار ازو به
چو تر دامن بودگل خار از او به

حذرکن، زآن بُت نسرین برودوش
که هردم باخَسی گردد هم آغوش

مَنِه در محفل عشرت ، چراغی
کزو پـروانه‌ای گیرد سراغی

میفشان دانه ، در راه تذروی
که مأوا گیرد از سروی بسروی

وفاداری مجوی از زن ، که بیجاست
کزین بربط نخیزد نغمهٔ راست

درون کعبه ، شوق دیر دارد
سری با تو ، سری باغیر دارد

●

جهان داور چو گیتی را بنا کرد
پی ایجاد زن ، اندیشه ها کرد

مهیا تا کند اجزای او را
ستاند از لاله و گل ، رنگ و بو را

ز دریا عُمق و از خورشید گرمی
ز آهن سختی ، از گلبرگ نرمی

تکاپو از نسیم و مویه از جوی
زشاخ تر ، گرائیدن بهر سوی

ز امواج خروشان ، تندخوئی
ز روز و شب،دو رنگی و دوروئی

صفا از صبح و شورانگیزی از می
شکرافشانی و شیرینی از نی

ز طبع زهره ، شادی آفرینی
ز پروین ، شیوهٔ بالانشینی

ز آتش گرمی و دم سردی از آب
خیال انگیزی از شبهایِ مهتاب

گرانسنگی ، زلعــل کوهساری
سبکروحی ، ز مرغانِ بهــاری

فریب از مار و دوراندیشی از مور
طراوت از بهشت وجلوه از حور

ز جادویِ فلك ، تزویر و نیرنگ
تکبر از پلنگِ آهنین چنگ

ز کرگِ تیزدندان ، کینه جوئی
ز طوطی ، حرفِ ناسنجیده گوئی

ز بادِ هرزه پو ، نااستواری
ز دور آسمان ، ناپایداری

جهانـی را بهم آمیخت ایزد
همه در قالب زن ، ریخت ایزد

ندارد در جهان ، همتای دیگر
بدنیـا دَر بود ، دنیـایِ دیگر

ز طبع زن ، بغیر از شر چه خواهی
وزین موجودِ افسونگر چه خواهی؟

●

اگر زن ، نوگلُ باغ جهان است
چرا چون خار ، سرتاپا زبان است؟

چه بودی ، گرسرا پا گوش بودی
چو گلُ با صد زبان خـاموش بودی

چنین خواندم زمانی در کتابی
ز گفتارِ حکیمِ نکته یابی:

دو نوبت مردِ عشرت ساز گردد
درِ دولت برویش باز گردد

یکی آن شب، که با گوهرفشانی
رباید مهر از گنجی که دانی

دگر روزی که گنجورِ هوس کیش
بخاک اندر نهد گنجینهٔ خویش

تابستان ۱۳۲۷

گنجینهٔ دل

چشمِ فرو بسته اگر واکنی
در تو بود ، هرچه تمنا کنی

عافیت از غیر ، نصیب تو نیست
غیر تو ای خسته ، طبیب تو نیست

از تو بود ، راحت بیمار تو
نیست بغیر از تو ، پرستار تو

همدم خودشو ، که حبیب خودی
چارهٔ خودکن ، که طبیب خودی

غیر ، که غافل ز دل زار تست
بی خبر از مصلحتِ کار تست

بر حذر از مصلحت اندیش باش
مصلحت اندیشِ دل خویش باش

چشم بصیرت نگشائی چرا ؟
بی‌خبر از خویش ، چرائی چرا؟

صید، که درمانده ز هر سو شده است
غفلت او ، دامِ رهِ او شده است

تا رهِ غفلت سپرُد پای تو
دام بود جایِ تو، ای وای تو

خواجهٔ مُقبل، که زخود غافلی
خواجه نه ای، بندهٔ نامُقبلی

از ره غفلت، بگدائی رسی
ور بخود آئی، بخدائی رسی

●

پیرِ تهی کیسهٔ بی خانه ای
داشت مکان، در دل ویرانه ای

روز، بدریوزگی از بختِ شوم
شام، بویرانه درون همچو بوم

گنجِ زری بود در آن خاکدان
چون پری از دیدهٔ مردم نهان

پای گدا بر سرِ آن گنج بود
لیک ز غفلت بغم و رنج بود

گنج صفت ، خانه بویرانه داشت
غافل از آن گنج که در خانه داشت

عاقبت از فاقه و اندوه و رنج
مَردِ گدا مُرد و نهان ماند گنج

●

ای شده نالان ز غم و رنج خویش
چند نداری خبر از گنج خویش؟

گنج تو باشد ، دل آگاه تو
گوهر تو ، اشک سحرگاه تو

مایهٔ امید ، مدان غیر را
کعبهٔ حاجات ، مخوان دیر را

غیر ز دلخواه تو ، آگاه نیست
زآنکه دلی را بدلی راه نیست

خواهش مرهم ، ز دل ریش کن
هرچه طلب میکنی از خویش کن

مهرماه ۱۳۲۸

سوگند

لاله روئی، بر گُل سرخی نگاشت:
کز سیه چشمان، نگیرم دلبری،
از لب من کس نیابد بوسه‌ای،
وز کف من، کس ننوشد ساغری

تا نیفتد پایش اندر بند ها
یاد کرد آن تازه گُل سوگند ها

ناگهان، باد صبا دامن کشان
سوی سرو و لاله و شمشاد رفت
فارغ از پیمان نگشته نازنین
کز نسیمی، برگ گُل بر باد رفت

خنده زد گُل، بر رُخ دلبند او
کآن چنان بر باد شد سوگند او

شهریور ماه ۱۳۲۸

گل یخ

بدیماه، کز گشت گردان سپهر
سحاب افکند پرده بر روی مهر

ز دم سردی ابرِ سنجاب پوش
ردای قصب، کوه گیرد بدوش

جهان پوشد از برف، سیمین حریر
کِشد پردهٔ سیمگون، آبگیر

شود دامن باغ، از گُل تهی
چمن ماند از زلف سنبل تهی

در آن فتنه انگیز طوفان مرگ
که نه غنچه ماند بگلبن نه برگ

گلی، روشنی بخش بستان شود
چراغ دلِ بوستانبان شود

صبا را کند مست گیسوی خویش
جهان را برانگیزد از بوی خویش

گُلِ یخ، بخوانندش و ای شگفت
کزو باغ افسرده، گرمی گرفت.

ز گُلها از آن سر برافراخته است
که با باغِ بی برگ و بر ساخته است

تو نیز ای گلِ آتشین چهرِ من
که انگیختی آتشِ مهرِ من ،

ز پیری چو افسرد جان در تنم
تهی از گل و لاله شد گلشنم ،

سیه‌کاری اخترِ سیم‌فام
سیه موی من کرد چون سیمِ خام،

سَهی سروم از بارِ غم گشت پست
مرا برفِ پیری بسر بر نشست ،

بدلجوئیم ، در کنار آمدی
زمستانِ غم را ، بهار آمدی

گلِ یخ ، گرآورد بستان بدست
مرا آتشین لاله‌ای ، چون توهست

ز گلچهرگان سر بر افراختی
که با جانِ افسرده‌ای ساختی

دی‌ماه ۱۳۲۲

۱۳۳

شبی در حرم قدس

دیده فرو بسته‌ام از خاکیان
تا نگـرم جلوهٔ افلاکیان

شاید از این پرده، ندائی دهند
یک نفسم، راه بجائـی دهند

●

ای‌که بـر این پردهٔ خاطر فریب
دوخته‌ای دیدهٔ حسرت نصیب

آب بـزن، چشم هوسناک را
بـا نظر پـاک ببین، پـاک را

آنکه در این پرده، گذر یافته است
چون سَحر از فیض نظر یافته است

خوی سَحر گیر و نظر پاک باش
رازگشاینـدهٔ افلاک باش

●

خانهٔ تن، جایکه زیست نیست
در خورِ جانِ فلکی نیست، نیست

آنکه تو داری سر سودای او
برتر از این پایه بود، جایِ او

چشمهٔ مسکین، نه گُهر پروراست
گوهر نایاب، بدریا دُراست

ما که بدان دریا پیوسته‌ایم
چشم زهر چشمه، فرو بسته‌ایم

پهنهٔ دریا، چو نظرگاه ماست
چشمهٔ ناچیز، نه دلخواه ماست

●

پرتو این کوکب رخشان بنگر
کوکبهٔ شاه خراسان بنگر

آینهٔ غیب نما را ببین
ترک خودی گوی و خدا را ببین

هر که بر او نور «رضا» تافته است
در دل خود، گنج رضا، یافته‌است

سایهٔ شه، مایهٔ خرسندی است
مُلکِ «رضا» ملک رضامندی است

۱۳۵

کعبه کجا ؟ طوف حریمش کجا؟
نافه کجا ، بوی نسیمش کجا؟

خاک زفیض قدمش ، زر شده
وز نفسش ، نافه معطر شده

من کیم؟ از خیل غلامان او
دست طلب سوده بدامان او

ذرهٔ سرگشتهٔ خورشید عشق
مرده ، ولی زندهٔ جاوید عشق

شاه خراسان را ، دربان مَنَم
خاک در شاه خراسان مَنَم

●

چون فلک آئین کهن ساز کرد،
شیوهٔ نامردمی ، آغاز کرد،

چاره‌گر ، از چاره‌گری بازماند،
طایر اندیشه ، ز پرواز ماند،

با تن رنجور و دل ناصبور
چاره از او خواستم از راه دور

نیمشب ، از طالع خندان من
صبح بـرآمد ، ز گریبان من

رَحمت شه ، درد مرا چاره کرد
زنده ام از لطف ، دگر باره کرد

بــادهٔ باقی ، به سبو یافتم
واینهمه از دولت او یافتم

مشهد اول تیرماه ۱۳۴۷

راز شب

شب ، چو بوسیدم لب گلگون او
گشت لرزان ، قامت موزون او

زیر گیسو کرد پنهان روی خویش
ماه را پوشید با گیسوی خویش

گفتمش : ای روی تو صبح امید
در دلِ شب ، بوسهٔ ما را که دید ؟

قصه پردازی ، در این صحرا نبود
چشمِ غمازی ، بسوی ما نبود

غنچهٔ خاموش او، چون گُل شکفت
بر من از حیرت نگاهی کرد و گفت:

باخبر از راز ما گردید شب
بوسه‌ای دادیم و آنرا دید شب

بوسه را شب دید و با مهتاب گفت
ماه خندید و بموج آب گفت

موج دریا ، جانب پارو شتافت
راز ما گفت و بدیگر سو شتافت

قصه را ، پارو بقایق باز گفت
داستانِ دلکشی زآن راز گفت

گفت قایق هم بقایق بانِ خویش
آنچه را بشنید از یارانِ خویش

مانده بود این راز اگر درپیشِ او
دل نبود آشفته از تشویشِ او

لیک درد اینجاست کآن ناپخته مرد
با زنی آن راز را ابراز کرد

گفت با زن مرد غافل ، راز را
آن تهیِ طبلِ بلند آواز را

لاجرم ، فردا از آن رازِ نهفت
قصه گویان ، قصه ها خواهند گفت

زن به غمّازی دهان وا میکند
راز را چون روز ، افشا میکند

مردادماه ۱۳۲۸

سنگریزه

روزی بجای لعل و گهر ، سنگریزه‌ای
بردم بزرگری ، که بر انگشتری نهد

بنشاندش بحلقهٔ زرین عقیق وار
آنسان که داغ بر دلِ هر مشتری نهد

زرگر، ز من ستاند و بر او خیره بنگریست
وانگه بخنده گفت که این سنگریزه چیست؟

●

حیف آیدم ز حلقهٔ زرین ، که این نگین
ناچیز و خوارمایه و بیقدر و بی‌بهاست

شایان دستِ مردم گوهرشناس نیست
در زیر پا فکن ، که بر انگشتری خطاست

هر سنگِ بدگهر ، نه سزاوار زینت است
با زرِ سرخ، سنگِ سیه را چه نسبت است؟

●

گفتم بخشم ، زرگر ظاهرپرست را :
کای خواجه، لعل نیز ز آغوش سنگ خاست
ز آنرو گرانبهاست که همتای آن کم است
آری هر آنچه نیست فراوان ، گرانبهاست

وین سنگریزه‌ای که فراچنگ من بود
خوارش مبین، که لعلِ گرانسنگ من بود

●

روزی بکوهپایه ، من و سرو ناز من
بودیم ره سپر، بخم کوچه باغ ها
این سو روان بشادی و آنسو دوان بشوق
لبریز کرده از می عشرت ، ایاغ ها

ناگاه چون پری زدگان ، آن پری فتاد
وز درد پا ، ز پویه و بازیگری فتاد

۱۴۱

●

آسیمه سر ، دویدم و دربر گرفتمش
کز دست رفت طاقتم از درد پای او
بر پای نازنین ، چو نکو بنگریستم
آگه شدم ، ز حادثهٔ جانگزای او

دریافتم که پنجهٔ آنماه ، رنجه‌است
وز سنگریزه‌ای، بت من در شکنجه است

●

من خم شدم بچاره گری ، در برابرش
و آنمه نهاد بر کف من، پای نرم خویش

شستم باشك ، پای وی و چاره ساختم
آن داغ را ، ببوسهٔ لبهای گرم خویش

وین گوهری، که در نظر ت سنگ ساده‌است
بر پای آن پری ، چو رهی بوسه داده‌است

شهریور ۱۳۲۹

ساز محجوبی

آنکه جانم شد نوا پرداز او
می‌سرایم قصه‌ای از ساز او

ساز او ، در پرده گوید رازها
سر کند در گوشِ جان آوازها

بانگی از آوای بلبل ، گرم تر
وز نوای جویباران ، نرم تر

نغمهٔ مرغ چمن ، جان پرور است
لیک در این ساز، سوزی دیگر است

آنچه آتش با نیستان میکند
نالهٔ او با دلم آن میکند

خسته دل داند ، بهای ناله را
شمع داند ، قدرِ داغ لاله را

هر دلی از سوز ما ، آگاه نیست
غیر را در خلوت ما ، راه نیست

دیگران ، دل بستهٔ جان و سرند
مردمِ عاشق ، گروهی دیگرند

شرحِ این معنی ، ز من باید شنید
رازِ عشق از کوهکن باید شنید

حالِ بلبل ، از دلِ پروانه پُرس
قصهٔ دیوانه ، از دیوانه پُرس

من شناسم ، آه آتشناک را
بانگِ مستانِ گریبان چاک را

چیستم من ؟ آتشی افروخته
لاله‌ای از داغِ حسرت سوخته

شمع را در سینه ، سوزِ من مباد
در محبت ، کس بروزِ من مباد

سودم از سودای دل ، جز درد نیست
غیرِ اشکِ گرم و آهِ سرد نیست

خسته از پیکانِ محرومی ، پَرم
مانده بر زانویِ خاموشی ، سَرم

عمر کوتاهم ، چو گُل بر باد رفت
نغمهٔ شادی مرا از یاد رفت

گر چه غم در سینهٔ خاکم بَرد
ساز محجوبی، بر افلاکم بَرد

شعله‌ای چون وی جهان‌افروز نیست
مرتضی، از مردم امروز نیست

جان من، با جان او پیوسته است
زانکه چون من از دو عالم رسته است

ما دو تن در عاشقی پاینده‌ایم
تا محبت زنده باشد، زنده‌ایم

فروردین ماه ۱۳۱۶

مریم سپید

عروسِ چمن ، مریم تابناك
گِرو برده از نو عروسان خاك

که او را بجز سادگی مایه نیست
نکوروی ، محتاجِ پیرایه نیست

برُخ نور مَحض و بتن سیم ناب
بصافی چو اشك و بپاکی چو آب

بروشندلی ، قطرهٔ شبنم است
بپاکیزگی ، دامن مریم است

چنان نازك اندام و سیمینه تن
که سیمین تنِ نازك اندامِ من

سخنها کند با من از رویِ دوست
زگیسوی او ، بشنوم بوی دوست

برخساره چون نازنینِ من است
نشانی ، ز نازآفرینِ من است

بود جانِ ما ، سرخوش از جامِ او
که ما را گُلی هست ، همنامِ او

گل من، نه تنها بدان رنگ و بوست
که پاکیزه دامان و پاکیزه خوست

●

قضا چون زند جام عمرم بسنگ
بداغم شود دیده‌ها، لاله رنگ

بخاک سیه، چون شود منزلم
بود داغِ آن سیمتن بر دلم

بهاران، چو گُل از چمن بردمد
گلُ مریم از خاک من بر دهد

نوازد دل و جان غمناک را
پر از بوی مریم کند، خاک را

اردیبهشت ماه ۱۳۴۸

بهار عاشق

روان پرور بود خرَّم بهاری،
که گیری پای سروی، دستِ یاری

وگر یاری نداری لاله رخسار
بود یکسان بچشمت لاله و خار

چمن بی همنشین، زندان جانست
صفای بوستان، از دوستانست

غمی، در سایهٔ جانان نداری
وگر جانان نداری، جان نداری

بهار عاشقان، رخسار یار است
که هر جا نوگلی باشد، بهار است

اردیبهشت ماه ۱۳۲۶

روزگارت بجان بود دشمن
ایکه همرنگ روزگار نه‌ای

چند قطعه

نیروی اشک

عزم وداع کرد ، جَوانی بروستای
در تیره شامی ، از بر خورشید طلعتی

طبع هوا ، دژم بد و چرخ از فراز ابر
همچون حباب ، در دل دریای ظلمتی

زن گفت با جوان که از این ابر فتنه زای
ترسم رسد بگلبن حسن تو ، آفتی

در این شب سیه که فرو مرده شمع ماه
ای مه ، چراغ کلبهٔ من باش ساعتی

لیکن جوان ز جنبش طوفان نداشت باک
دریا دلان ، ز موج ندارند دهشتی

برخاست تا برون بنهد پای ز آن سرای
کو را دگر نبود مجال اقامتی

سرو روان ، چو عزم جوان استوار دید
افراخت قامتی ، که عیان شد قیامتی

بر چهرِ یار دوخت بحسرت دو چشم خویش
چون مفلسِ گرسنه ، بخوانِ ضیافتی

با یک نگاه کرد بیان شرح اشتیاق
بی آنکه از زبان بکشد بار منتی

چون گوهری که غلطد بر صفحه‌ای ز سیم
غلطان به سیم‌گون رخ وی، اشک حسرتی

ز آن قطرهٔ سرشک، فرو ماند پای مرد
یکسر ز دست رفت، اگرش بود طاقتی

آتش فتاد در دلش از آب چشم دوست
گفتی میان آتش و آب است نسبتی

این طرفه بین که سیل خروشان در او نداشت
چندان اثر، که قطرهٔ اشک محبتی

تیرماه ۱۳۲۰

نابینا و ستمگر

فقیر کوری ، با گیتی آفرین میگفت :
که ای ز وصف تو الکن ، زبانِ تحسینم

به نعمتی که مرا داده‌ای ، هزاران شکر
که من نه در خورِ لطاف و عطای چندینم

خسی گرفت گریبان کور و با وی گفت :
که تا جواب نگوئی ، ز پای ننشینم

من ار سپاس جهان آفرین کنم ، نه شگفت
که تیزبین و قوی پنجه تر ز شاهینم

ولی تو کوری و نا تندرست و حاجتمند
نه چون منی ، که خداوندِ جاه و تمکینم

چه نعمتی است ترا ، تا بشکرِ آن کوشی؟
بحیرت اندر ، از کارِ چون تو مسکینم

بگفت کور : کزین به چه نعمتی خواهی ؟
که روی چون تو فرومایه‌ای نمی‌بینم !

مهرماه ۱۳۲۸

دشمن و دوست

دیگران از صدمهٔ اعدا همی نالند و من
از جفای دوستان گریم، چو ابر بهمنی

سست عهد و سرد مهرند این رفیقان همچو گل
ضایع آن عمری که با این سست عهدان سر کنی

دوستان را می‌نپاید الفت و یاری، ولی
دشمنان را همچنان برجاست کید و ریمنی

کاش بودندی بگیتی، استوار و دیرپای
دوستان در دوستی، چون دشمنان در دشمنی

پالیز ۱۳۲۸

شاخك شمعدانی

تو ای بی‌بها شاخك شمعدانی
که بر زلف معشوق من، جا گرفتی

عجب دارم از کوکب طالع تو
که بر فرق خورشید مأوا گرفتی

قدم از بساط گلستان کشیدی
مکان بر فراز ثریا گرفتی

فلك ساخت، پیرایهٔ زلف حورت
دل خود چو از خاکیان واگرفتی

مگر طایر بوستان بهشتی؟
که جا بر سرِ شاخِ طوبی گرفتی

مگر پنجهٔ مُشك سای نسیمی؟
که گیسوی آن سرو بالا گرفتی

مگر دست اندیشهٔ مانی ای گُل؟
که زلفش بعجز و تمنا گرفتی

مگرفتنه بر آتشین روی یاری
که آتش چو ما، در سراپا گرفتی

گرت نیست دل از غم عشق، خونین
چرا رنگ خون دل ما گرفتی؟

بود موی او، جای دلهای مسکین
تو مسکن در آن حلقه، بیجا گرفتی

از آن طرهٔ پرشکن، هان بیک سو
که بر دیده، راه تماشا گرفتی

نه تنها در آن حلقه، بوئی نداری
که باروی او، آبروئی نداری

تابستان ۱۳۲۱

ابنای روزگار

یاری از ناکسان امید مدار
ای که با خوی زشت، یار نه‌ای

سگدلان، لقمه‌خوار یکدگرند
خون‌خوری، گر از آن شمار نه‌ای

همچو صبحت شود گریبان چاک
ای که چون شب، سیاهکار نه‌ای

پایمال خَسان شوی چون خاک
گر جهانسوز، چون شرار نه‌ای

ره نیابی بکنج خانهٔ بخت
جانگزا، گربسان مار نه‌ای

طعمهٔ دیو و دد شوی، گر زآنک
مردم اوبار و دیوسار نه‌ای

تا چو گل شیوه‌ات کم‌آزاری است
ایمن از رنج نیش خار نه‌ای

روزگارت، بجان بود دشمن
ای که همرنگ روزگار نه‌ای

تیرماه ۱۳۲۰

موی سپید

رهی، بگو نهٔ چون لاله برگ غرّه مباش
که روزگارش چون شنبلید گرداند

گرت بفرّ جوانی، امیدواری هاست
جهانِ پیر، ترا ناامید گرداند

گر از دمیدن موی سپید، بر سر خلق
زمانه، آیتِ پیری پدید گرداند

دریغ و دَرد، که موئی نماند بر سر من
که روزگار به پیری سپید گرداند

اسفند ماه ۱۳۲۶

کمند حادثه

اعرابئی ، بدجله‌کنار از قضای چرخ
روزی   به نیستانی ، شد ره سپر همی

ناگه، ز کینه توزی گردون گرگ‌خوی
شیری‌گرسنه‌گشت   بدو حمله ور همی

مسکین زهول شیر ، هراسان و بیمناک
شد بر فرازِ نخلی ، آسیمه سر همی

چون برفراز نخل کهن، بنگریست‌مرد
ماری غنوده دید درآن برگ وبر همی

گیتی سیاه‌گشت بچشمش که شیر سرخ
بودش بزیر و مارِ سیه برزِبَر همی

نه پای آنکه آید ، زآن جایگه فرود
نه جای آنکه ماند ، برشاخ بر همی

خودرا درون دجله فکندن از فراز نخل
کز مار گرزه وارهد و شیرنَر همی

برشط فرو نیامده ، آمـد بسوی او
بگشاده کامِ جانوری جان شکر همی

بیچاره مرد، زآن دو بلا گرچه بر دجان
درماند عاقبت به بلای دگر همی

از چنگ شیر رست وز چنگ قضا نرست
القصه، گشت طعمهٔ آن جانور همی

جادوی چرخ، چون کند آهنگ جان تو
زاید بلا و حادثه، از بحر و بر همی

کام اجل فراخ و تو نخجیر پای بند
دام قضا وسیع و تو بی بال و پر همی

ور ز آنکه برشوی بفلک همچو آفتاب
صیدت کند، کمند قضا و قدر همی

تیر ماه ۱۳۲۳

پاداش نیکی

من نگویم ترک آئین مروت کن، ولی
این فضیلت، با توخلق سفله را دشمن کند

تار و پودش را ز کین توزی همی خواهند سوخت
هر که همچون شمع، بزم دیگران روشن کند

گفت با صاحبدلی، مردی که بهمان در نهفت
قصد دارد تا به تیغت سر جدا از تن کند

نیکمردش گفت باور نایدم این گفته، ز آنك
من با او نیکی نکردم، تا بدی با من کند

میکنند از دشمنی، نا دوستان با دوستان
آنچه آتش با گیاه و برق با خرمن کند

دور شو، زین مردم نااهل دور از مردمی
دیو گردد، هر که آمیزش به اهریمن کند

منزلت خواهی، مکان در کنج تنهائی گزین
گنج گوهر بین که در ویرانه ها مسکن کند

اردیبهشت ۱۳۱۸

رازداری

خویشتن داری و خموشی را
هوشمندان ، حصارِ جان دانند

گر زیان بینی ، از بیان بینی
ور زبون گردی ، از زبان دانند

رازِ دل ، پیش دوستان مگشای
گر نخواهی که دشمنان دانند

خردادماه ۱۳۲۰

زندانی حصار نای

سُخنورا ، سخنی سازکن ستاره شکوه
که هر سخن، نه بگردون برد سخندان را

ز جاودانه سخن ، جاودانه ماند مرد ،
مخوان فسانهٔ ظلمات و آب حیوان را

اگر نبود ادب ، نامی از ادیب نبود
ز فیضِ لعل بود شهرتی ، بدخشان را

سخن اثر نکند ، تا بدان نیامیزی
چو آتشین نفسان ، پارهٔ دل و جان را

بخوان چکامهٔ مسعود ، تا عیان بینی
نشانِ اشکِ فروزان و آهِ سوزان را

امیر کشور پهناور سخندانی ،
که برفراخت به کیوان ، بلند ایوان را

چو لب به گفتهٔ موزون همی گشود، نبود
مجالِ نغمه سرائی ، هزار دستان را

ز کینه‌توزی حاسد، به حبس و بند افتاد
عجب که دیو بزندان کند، سلیمان را! ۱

بسا شبا، که بزندان سهمگین چون صبح
همی درید ز بی‌طاقتی، گریبان را

بسا شبا، که همی کرد چون شفق رنگین
ز خون دیده و دل، آستین و دامان را

ز بس گُهر، که فروریخت از خزانهٔ طبع
چو گنج خانه، بیاراست کنج زندان را

غبار حادثه، بر دامنش اثر نگذاشت
ز گردباد، چه غم کوه سخت بنیان را؟

بهر زمان که فلک کرد عزم کُشتن او
سرود نظمی و پیوند عمر کرد آن را «۱»

---

(۱) اشاره به این بیت مسعود است:

گردون به درد و رنج مرا کشته بود اگر   پیوند عمر من نشدی نظم جانفزای

۱۶۳

به پایمردی همّت ، بتاقت دست سپهر
ستوه کرد به ناورد ، چرخ گردان را

بدو بنازد لاهور ، وین عجب نبود
بپور زال بود فخر ، زابلستان را

درود باد بر آن کلک مشکبار ، درود
که ساخت رشک ختن آن خجسته دیوان را

زهی ترانهٔ مسعود و نظم دلکش او
که چون شراب کهن ، تازه میکند جان را

شکوه ملک معانی از او بُود ، آری
ز نو بهار بُود زیب و فر ، گلستان را

سپهر خوانمت ای لاهور گردون قدر
که پروراندی ، آن آفتاب رخشان را

بلند نام چنان کرد مر ترا مسعود
که اوستاد سخن‌گستران، خراسان را(۱)

«رهی» بدیده کشد جای سُرمه از سر شوق
غبار تربت مسعود سعد سلمان را

اردی‌بهشت‌ماه ۱۳۴۷

---

(۱) مقصود از اوستاد سخن‌گستران « فردوسی طوسی است» .

همت مردانه

در دام حوادثات ، ز کس یاوری مجوی
بگشا گره ، بهمت مشکل‌گشای خویش

سعی طبیب ، موجب درمان درد نیست
از خود طلب ، دوای دل مبتلای خویش

بر عزم خویش تکیه کن ، ارسالک رهی
واماند، آنکه تکیه کند بر عصای خویش

گفت آهوئی بشیر سگی ، در شکارگاه
چون گرم پویه دیدش اندر قفای خویش

کای خیره سر ، بگرد سمندم نمیرسی
رانی وگر چو برق بتک ، بادپای خویش

چون من بی رهائی خود میکنم تلاش
لیکن تو بهر خاطر فرمانروای خویش

با من کجا به پویه برابر شوی، از آنک
تو بهر غیر پوئی و من از برای خویش

شهریور ۱۳۲۰

پاس ادب

پاس ادب ، بحد کفایت نگاه دار
خواهی اگر ز بی ادبان یا بی ایمنی

با کم ز خویش، هر که نشیند بدوستی
باعز و حرمت خود ، خیزد بدشمنی

در خون نشست غنچه، که شد همنشین خار
گردن فراخت سرو ، ز برچیده دامنی

افتاده باش ، لیک نه چندانکه همچو خاک
پامال هر نبهره شوی ، از فروتنی

مهرماه ۱۳۱۸

مایهٔ رفعت

اگر زِ هر خس و خاری، فراکشی دامن
بهارِ عیشِ ترا، آفتِ خزان نرسد

شکوهِ گنبدِ نیلوفری، از آن سبب است
که دستِ خلق بدامانِ آسمان نرسد

۱۳۳۰

●

سایهٔ اندوه

هرچه کمتر شود فروغِ حیات
رنج را، جانگدازتر بینی

سوی مغرب چو رو کند خورشید
سایه ها را، درازتر بینی

مهرماه ۱۳۴۳

راز خوشدلی

حادثات فلکی ، چون نه بدست من و تُست
رنجه از غم چه‌کنی ، جان و تن خویشتن را؟

مردم دانا ، اندُه نخورد بهر دو کار :
آنچه خواهد شدنا ، وآنچه نخواهد شدنا

دیماه ۱۳۳۱

سخن پرداز

آن نواساز نوآئین ، چو شود نغمه سرای
سرخوش از نالهٔ مستانه‌کند ، جان مرا

شیوهٔ باد سحر عقده‌گشائی است ، رهی
شعر « پژمان » ، بگشاید دلِ پژمان مرا

۱۳۳۱

مُطایبه
طبیب و بیطار

عمری از جور چرخ مینا رنگ
رنجه بودم ، ز رنج بیماری

یافت آئینهٔ وجودم زنگ
از جفای سپهر زنگاری

تار شد ، دیدگان روشن بین
زرد شد ، چهرگان گلناری

همچو موشی نحیف گشت و نزار
تنِ فربه چوگاوِ پرواری

آزمودم همه طبیبان را
در شفاخانه های بهداری

کار آن جمله و طبابتشان
کارِ بوزینه بود و نجاری

نه حکیمی، خبر ز حکمت داشت
نه پرستاری ، از پرستاری

پیش بیطار رفتم آخر کار
چاره‌ای خواستم ز ناچاری

و آن شفابخش دام ودد ، بگرفت
دستم و رستم از گرفتاری

بی تأمل علاج دردم کرد
تن ز غم رست و من ز غمخواری

طُرفه بین ، کز طبیبم آن نرسید
که ز ِ دانای فن ِ بیطاری

یا من از خیل ِ چارپایانم
یا طبیبان از هنر ِ عاری

تیرماه ۱۳۳۲

کالای بی بها

سراینده‌ای ، پیش داننده‌ای
فغان کرد از جور خونخواره دزد

که از نظم و نثرم، دو گنجینه بود
ربود از سرایم ستمکاره دزد

بنالید مسکین : که بیچاره من
بخندید دانا : که بیچاره دزد !

آذر ۱۳۳۰

در دامن این بحر، فروزان گهری نیست
چون موج ، بامید که آغوش گشائیم ؟

ابیات پراکنده

باید خریدارم شوی

باید خریدارم شوی، تامن خریدارت شوم
وزجان ودل یارم شوی، تاعاشقِ زارت شوم

من نیستم چون دیگران، بازیچهٔ بازیگران
اول بدام آرم ترا ، وآنگه گرفتارت شوم

۱۳۳۰

راز نهفته

ز درد عشق تو ، باکس حکایتی که نکردم
چرا جفای توکم شد ؟ شکایتی که نکردم

چه شدکه پای دلم را، زدام خویش رهاندی
از آن اسیرِ بلاکش ، حمایتی که نکردم

۱۳۲۲

نیش و نوش

کس بهره از آن تازه بر و دوش ندارد
کاین شاخهٔ گل ، طاقت آغوش ندارد

از عشق نرنجیم و گر مایهٔ رنج است
با نیش بسازیم ، اگر نوش ندارد

۱۳۳۴

تلخکامی

داغِ حسرت سوخت جانِ آرزومند مرا
آسمان با اشک غم آمیخت لبخند مرا

در هوای دوستداران، دشمن خویشم رهی
در همه عالم نخواهی یافت ، مانند مرا

۱۳۳۸

دریای تهی

در جام فلك ، بادهٔ بی‌دردسری نیست
تا ما به تمنا ، لبِ خاموش گشائیم

در دامن این بحر ، فروزان گهری نیست
چون موج ، بامیدکه آغوش گشائیم ؟

۱۳۳۷

رنج زندگی

هزار شکر، که از رنج زندگی آسود
وجودِ خسته و جانِ ستم کشیدهٔ من

بروی تربت من ، برگِ لاله افشانید
بیادِ سینهٔ خونین داغدیدهٔ من

۱۳۳۰

چشم نیلی

نیلگون چشمِ فریب انگیزِ رنگ آمیز تو
چون سپهرِ نیلگون، دارد سرِ افسونگری

از غمِ رویت ، بسان شاخهٔ نیلوفرم
ای ترا چشمی برنگِ شعلهٔ نیلوفری

۱۳۳۲

اشک و آه

عمری چو شمع، گریهٔ جانسوز میکنیم
روزی بشب بریم و شبی روز میکنیم

اشکیم و جان گدازتر از آتشیم ما
آهیم و کارِ برقِ جهانسوز میکنیم

۱۳۳۸

آتش گل

چو من ز سوزِ غمت، جانِ کس نمی‌سوزد
که عشق، خرمنِ اهل هوس نمی‌سوزد

در آتشم من و این مشتِ استخوان برجاست
عجب، که سینه ز سوزِ نفس نمی‌سوزد!

ز داغ و دردِ جدائی، کجا خبرداری؟
ترا که دل بفغانِ جرس نمی‌سوزد

زبسکه داغ تو دارم چو لاله بر دل تنگ
دلم، بحالِ دل هیچکس نمی‌سوزد

بجز من و تو، که در پای دوست سوخته‌ایم
رهی، ز آتشِ گُل، خار و خس نمی‌سوزد

۱۳۱۲

آهنگ جدائی

از برم آن سرو بالا میرود
صبرم از دل میرود، تا میرود

تا گزیند جای در چشم رقیب
همچو اشک از دیدهٔ ما میرود

ماهم از من دور گردد، ز آن سبب
دود آهم، تا ثریا میرود

شمع وارم اشک و آه از چشم و دل
یا بر آید روز و شب، یا میرود

میرود کز ما جدا گردد، ولی
جان و دل با اوست، هر جا میرود

ز آتش غیرت بسوز امشب، رهی
کآن پری با غیر فردا میرود

شهریور ۱۳۱۹

خواب آشفته

هستی چه باشد ؟ آشفته خوابی
نقشِ فریبی ، موجِ سرابی

نخلِ محبت ، پژمرده شد ، کو ؟
فیضِ نسیمی ، اشک سحابی

در بحرِ هستی ، ما چون حُبابیم
جز یک نفس نیست ، عمرِ حُبابی

از هجر و وصل، حاصل همین بود:
یا انتظاری ، یا اضطرابی

ما از نگاهت ، مستیم ، ورند
کیفیتی نیست ، در هر شرابی

از داغ حسرت ، حرفی چه گوید؟
نا کامیابی ، با کامیابی

دیدم رهی را، میرفت و میگفت:
هستی چه باشد؟ آشفته خوابی !!

اسفند ماه ۱۳۴۵

نامه‌ای و چکامه‌ای

این دسته گُل را که پروردهٔ اندیشهٔ خونین من است ، بشاعرِ برگزیده و سخن سرای توانای ایران که غزل های آبدارش ، گل سر سبد ادبیات پارسی است ، یعنی بدوست گرانمایه و عزیز و بزرگوارم « رهی معیری » هدیه میکنم.

با این چند شعر شکسته، که در طی راه بهم پیوسته، البته ارادت ومحبت من و همهٔ یاران افغانی وی ، ارمغان خزان ناپذیر است

مخلص خلیلی
۱۸ سنبله ۱۳۴۷

گنجینهٔ گوهر

نو بهار هزار خرمن گُل
کلک چون نوبهارِ تُست، رهی

ابر نیسان گلزمین سخن
مژهٔ اشکبار تُست، رهی

برشو از جا، که شاهد معنی
سخت در انتظار تُست، رهی

سر کن آن خامه را که مرغِ ادب
پای بندِ شکار تُست، رهی

در سپهر سخن، چو بدرِ منیر
غزلِ تابدار تُست، رهی

نه غزل، بل هزار گنج گهر
در جهان یادگار تُست، رهی

مخور اندُه، که خاطر یاران
همه جا غمگسار تُست، رهی

خلیلی افغانی
۱۸ سنبله ۱۳۴۷

از رهی به خلیلی

دردا که نیست جز غم و اندوه ، یار من
ای غافل از حکایت اندوهِ بار من

گر شکوه‌ای سرایم از احداث روزگار
رحم آوری ، به روزِ من و روزگارِ من

رنج است بارِ خاطر و زاری است کارِ دل
این است از جفای فلک، کار و بارِ من

رفت آن زمان ، که نغمه طرازان عشق را
آتش بجان زدی ، غزل آبدار من

شیرین ز میوهٔ سُخنم بود کامِ خلق
دردا که ریخت بادِ فنا ، برگ و بارِ من

عُمری چو شمع در تب و تابم ، عجب مدار
گر شعله خیزد از جگرِ داغدارِ من

ور ز آنکه همدمی است مرا، دلنشین غمی است
پاینده باد غم ، که بود غمگسارِ من !

✧ ✧ ✧

پیک مراد ، نامهٔ جان پرور تو را
آورد و ریخت خرمن گل ، در کنار من

یک آسمان ستاره و یک کاروان گهر
افشاند بر یمین من و بر یسار من

شعری به تابناکی و نظمی به روشنی ،
مانندِ اشک دیدهٔ شب زنده دار من

دیگر به سیر باغ و بهارم ، نیاز نیست
ای بوستانِ طبعِ تو ، باغ و بهار من

✿✿✿

بردی گمان، که شاهد معنی است ناشکیب
در انتظارِ خامهٔ صورت نگار من

غافل، که با شکنجهٔ این درد جانگداز
غیر از اجل ، کسی نکشد انتظار من

فرداست ای رفیق ، که از پاره های دل
افشان کنی شکوفه و گل بر مزارِ من

فرداست ، کز تطاولِ گردون رود بباد
تنها نه جانِ خسته ، که مُشتِ غبارِ من

وین شکوه‌ها که کلکِ من از خونِ دل نگاشت
بر لوحِ روزگار ، بود یادگارِ من

۲۳ شهریورماه ۱۳۴۷

در بستر بیماری سروده شد.

طوفان اشك

ز گریه، دوش نیاسود، چشم تر بی تو
چو شمع، سوختم از شام تا سحر بی تو

شبی بدیدهٔ من پای نه، که از غم عشق
بود ز موی تو، روزم سیاه تَر بی تو

ترحّمی، که ز طوفان اشك و آه چو شمع
در آب و آتشم، از پای تا بسر بی تو

ترا، چو غنچه بود خنده بر دهان بی من
مرا، چو لاله بود داغ بر جگر بی تو

بُکش به تیغ، اگر طالع وصالم نیست
که نیستِ تاب شکیبائیم دگر بی تو

نصیب چشم رهی، جز سرشك درد مباد
دمی ز گریه، بر آسوده‌ام اگر بی تو

دیماه ۱۳۱۶

غبار مشکین

نه وعدهٔ وصلم ده ، نه چارهٔ کارم کن
من تشنهٔ آزارم ، خوارم کن و زارم کن

مستانه بزن بر سنگ ، پیمانهٔ عیشم را
وز اشک سحرگاهی، پیمانه‌گسارم کن

تا هر خس و خاشاکی ، بوی نفسم گیرد
سرگشتهٔ به‌روادی ، چون باد بهارم کن

خون به دل تا کی، در پرده کشم چون گل؟
از پرده برونم کش ، رسوای دیارم کن

خاک من مجنون را، در پای صبا افشان
دامان بیابان را ، مشکین ز غبارم کن

گر شادی دل خواهی، آرام رهی بستان
ور خاطر من جوئی، خون در دل زارم کن

آذرماه ۱۳۴۱

سایهٔ مژگان

چشم تو ، نظر برمن بیمایه فکنده است
بر کلبهٔ درویش ، هما سایه فکنده است

دانی ، دل بی طاقت سودائی ما ، چیست؟
طفلی است ، که آتش بدل دایه فکنده است

از خانهٔ دل ، مهر تو ، روشنگر جان شد
این سرو سهی ، سایه بهمسایه فکنده است

مژگان سیاه تو ، بر آن صفحهٔ رخسار
خاری است، که برخرمن گل سایه فکنده است

در میکدهٔ عشق ، رهی ، مُنزَلتی داشت
ناسازی ایامش از آن پایه فکنده است

۱۳۲۵

رنگ محبّت

بُرد آرامِ دلم، یارِ دلارام کجاست؟
آن دلارام که بُرد از دلم آرام کجاست؟

داده پیغام، که یک بوسه ترا بخشم، لیک
آنکه قانع بُود از بوسه به پیغام کجاست؟

بی غمِ عشق، بگلزارِ جهان، تنگدلم
در چمن رنگِ محبت نبود، دام کجاست؟

گرمن از گردشِ ایّام ملولم، نه عجب
آنکه خوشدل بُود، از گردشِ ایّام کجاست؟

جُرعه نوشانِ رضا، نامِ تمنا نبرند
دلِ ناکامِ رهی را هوسِ کام کجاست؟

آبان ماه ۱۳۲۷

نیرنگ نسیم

نرم نرم ، از چاک پیراهن ، تنش را بوسه داد
سوختم در آتشِ غیرت ، ز نیرنگِ نسیم

زلف بی آرام او ، از آهِ من آید برقص
شعلهٔ بیتاب میرقصد بــه آهنگِ نسیم

۱۳۳۹

●

نیلوفر وحشی

صبحدم چون لاله برگی ، در چمن افتاده بود
گویِ سیمینش ، برون از پیرهن افتاده بود

همچو عکسِ شاخهٔ نیلوفر وحشی در آب ،
سایهٔ اندامِ او ، در اشکِ من افتاده بود

۱۳۳۵

فریب

چارهٔ من نمیکنی ، چون کنم وکجا برم ؟
شِکوهٔ بی نهایت و خاطر ناشکیب را

گر بدروغ هم بُود ، شیوهٔ مهرساز کن
دیدهٔ عقل بسته‌ام ، کز تو خورم فریب را

۱۳۳۶

●

داغ جانسوز

نگذرد برمن شبی ، کز داغ روز افزون ننالم،
همچو «نی» لبریز دردم ، چون نسوزم، چون ننالم؟

برمن از بیداد گردون ، صبح شادی ، شام غم شد
چون کنم؟ گر صبح و شام از گردشِ گردون ننالم

۱۳۳۰

جلوهٔ ناز

تو و با لاله رویان ، گل ز شاخ عیش چیدنها
من و چون غنچه از دست تو ، پیراهن دریدنها

من و از طعنهٔ اغیار ، چون بلبل فغان کردن
تو و در دامن هر خار ، چون گل آرمیدنها

من و پیوند مهر از جان بریدن در تمنایت
تو و از مهربانان ، رشتهٔ الفت بریدنها

من و همچون غبار از ناتوانی ، ره‌نشین گشتن
تو و همچون صبا ، برخاک من دامن کشیدنها

بمن بفروش ناز ای تازه‌گل، چندانکه میخواهی
که تا جان و دلی دارم ، من و نازت خریدنها

اگر غیر از حدیث یار و جز دیدار او باشد،
چه حاصل جز ندامت ، از شنیدنها و دیدنها

۱۳۱۳

نَه‌باك از دشمنان باشد، نه بیم از آسمان ما را
خداوندا ، نگه دار از بلایِ دوستان ما را

●

از مَحبت نیست ، گر باغیر، آن بد بد خو نشست
تا مرا از رشك سوزد ، در كنارِ او نشست

●

ای كه پس از هلاك من، پای نهی بخاك من
از دل خاك بشنوی ، نالهٔ دردناك من

●

نَفَسی یارِ منِ زار نَگشتی و گُذشت
مُردم و بر سرِ خاكم نگذشتی و گُذشت

از نگاهی ، می‌نشیند بر دل نازك غبار
خاطرِ آئینه را ، آهی مُکدّر میکند !

●

خموش باش ، گَرت پند میدهد عاقل
جواب مردم دیوانه را ، نباید داد !

●

مَحبت ، آتشی کاشانه سوز است
دهد گرمی ، ولیکن خانه سوز است

●

نیایدم گله از خوی این و آن کردن
در آتش از دلِ خویشم ، چه میتوان کردن ؟

گر فلک نشناخت قدرِ ما ، رهی عیش مکن
اَبلَه ، ارزان میفروشد گوهرِ نایاب را

●

لاله روئی نیست تا در پای او سوزم ، رهی
ورنَه ، جایِ دل درون سینهٔ من آتشی است

●

خیالِ رویِ ترا ، میبرم بخانهٔ خویش
چو بلبلی ، که بَرد گل بآشیانهٔ خویش

●

هما ، بکلبهٔ ویرانِ ما ، نمی‌آید
بآشیانِ فقیران ، هما نمی‌آید !

های‌های گریهٔ در پای توام آمد بیاد
هرکجا شاخ گُلی برطَرفِ جوئی یافتم

●

برون نمیرود از خاطرم خیالِ وصالت
اگرچه نیست وصالی، ولی خوشم بخیالت

●

یاری که داد بر باد آرام و طاقتم را
ای وای اگر نداند قدرِ مَحبتم را

ره‌آورد رهی

هر شبم ، از اشک خونین، گلْ بدامان باد و هست
هر نفس، چون غنچه‌ام، سر در گریبان باد و هست

موج این دریــا ، نجوید ساحل آرام را
طاقت و آسودگی، از من گریزان باد و هست

هر که را در محفل هستی ، نصیبی داده‌اند
چنگ نالان، شمع گریان، جام خندان باد و هست

دل ندامت‌ها کشد ، از ترک مستی‌هایِ عشق
می پرست از توبهٔ بی‌جا ، پشیمان باد و هست

خانهٔ تقوای زاهد شد به یک ساغر خراب
کلبهٔ دیوانه ، از سیلاب ویران باد و هست

گرچه از وصل توام ، آسایش دل بود و نیست
آتش عشق توام ، روشنگر جان باد و هست

تا به هر بُستان سرا ، خلق از تفرج خوشدلند
این سرا بُستان ، تفرجگاه مهمان باد و هست

تا ابد در سایهٔ همکیشی و همسایگی
اهل ایران ، دوستدار اهل افغان باد وهست

ما دو یار یکزبان و یکدلیم از دیرباز
یکدلی و یکزبانی ، رَسم یاران باد و هست

خسروا ، جشن همایون مر تُرا فرخنده باد
ملت و ملک تُرا ، ایزد نگهبان باد و هست

امشب از طبع دُر افشان ، تهنیت گوی توام
تهنیت گوی ترا ، طبع دُر افشان باد و هست

خاطر بدخواه ، از ناسازی گردون ، رهی
همچو گیسوی نکورویان ، پریشان باد و هست

شهریورماه ۱۳۴۶

جلوهٔ ناز

چه رفته است . که امشب سحر نمی‌آید
شبِ فراق بپایان مگر نمی‌آید

جمالِ یوسفِ گل، چشم باغ روشن کرد
ولی ز گمشدهٔ من خبر نمی‌آید

ترا مگر بتو نسبت کنم به‌جلوهٔ ناز
که در تصور از این خوبتر نمی‌آید

طریق عقل بود ترکِ عاشقی دانم:
ولی ز دست من اینکار بر نمی‌آید

دو روزه، نوبتِ صحبتِ عزیز دار رهی
که هَرکه رفت از این ره، دگر نمی‌آید

بهزاد افسونگر

آن خداوند هنر، و آن نامور استاد رفت
خامه خون گرید، که استاد هنر بهزاد رفت

آنکه نقشی طرفه می‌انگیخت چون خرّم بهار
همچو گل، از برگ‌ریزان اجل بر باد رفت

او هنرمندی گرانقدر و قوی بنیاد بود
آن هنرمندِ گرانقدرِ قوی بنیاد رفت

آنکه با دست هنر، نقش صور می‌ریخت، مُرد
وآنکه لوحِ ساده را، رنگِ بقا می‌داد رفت

مردمِ چشمِ هنر، از داغ او، در خون نشست
گرچه مردم را، طریق مردمی، از یاد رفت

او، نه تنها گشت پامال حوادث، کز نخست
از جهانِ سفله، بر آزادگان بیداد رفت

گرچه آن سحرآفرین استاد جادو کلک ما
با دلی شاد آمد و با خاطری ناشاد رفت،

لیک، از رسم و ره آزادگی، رخ بر نتافت
ای خوشا آنکس، که آزاد آمد و آزاد رفت

آیت فضل و هنر، بهزاد افسونگر، رهی
رفت و با فقدان او، فضل و هنر بر باد رفت

مهر ماه ۱۳۴۷

آشوب انجمن

مَرو، که با دو لَبت گفتگوی من باقی است
هزار شِکوه سرودم، ولی سُخن باقی است

چو بَرق میروی از آشیانِ ما، بکجا؟
هنوز مُشتِ خَسی، بهرِ سوختن باقی است

به عیش کوش و ز غمهای تازه، باک مدار
گَرت پیاله‌ای از بادهٔ کهن باقی است

شبی به حلقهٔ رندان، حدیث موی تو رفت
گذشت عمری و آشوبِ انجمن باقی است

دمی نشستی و رفتی، ولی به محفلِ ما
هنوز بوی گل و عطرِ یاسمن باقی است

اگر چه گردشِ گردون، مرا هلاک نکرد
ولی ز گردشِ چشمت، امیدِ من باقی‌است

بهار حُسن تو نازم ، که صد چمن پژمرد
ولی طراوت گلهای این چمن باقی است

بپای دوست سرافشاندن است و جان دادن
بهانه‌ای که مرا بهر زیستن باقی است

ز دست غیر ، مرا شکوه‌ای نماند ، رهی
ولی شکایتم از دست خویشتن باقی است

مهر ماه ۱۳۴۷

جمال‌پرست

نه من پرستشِ رویِ نکو نمایم و بس
کسیکه رویِ نکو را نمی‌پرستد کیست؟

بعشق کوش . اگر حاصل از جهان طلبی
که زندگانیِ بی‌عشق ، زندگانی نیست

پیکار حسود با من امروزی نیست
خفاش بود دشمن دیرینهٔ صبح

چند رباعی

تمنای عاشق

آن راکه جفاجوست ، نمی‌باید خواست
سنگین‌دل و بدخوست نمی‌باید خواست

مـا را ، ز تو غیر از تو تمنائی نیست
از دوست بجز دوست، نمی‌باید خواست

۱۳۳۰

●

بی‌خبری

مستان خرابات ، ز خود بی‌خبرند
جمعند و ز بوی گل پراکنده ترند

ای زاهد خودپرست ، با ما منشین
مستان دگرند و خودپرستان دگرند

۱۳۳۵

آشیان سوز

ای جلوهٔ برقِ آشیان سوز تورا
وی روشنیِ شمعِ شب افروز تورا

ز آنروز که دیدمت، شبی خوابم نیست
ای کاش ندیده بودم آنروز تورا

۱۳۲۶

●

آئینهٔ صبح

داریم دلی، صافتر از سینهٔ صبح
در پاکی و روشنی، چو آئینهٔ صبح

پیکار حسود با من امروزی نیست
خفاش بود دشمن دیرینهٔ صبح

۱۳۴۱

نوشین لب

گلبرگ، بنرمی چو برِ دوش تو نیست
مهتاب، بجلوه چون بناگوش تو نیست

پیمانه، به تأثیرِ لبِ نوش تو نیست
آتشکده را، گرمیِ آغوش تو نیست

۱۳۳۲

●

افسونگر

یا عافیت از چشمِ فسون سازم ده
یا آنکه، زبانِ شکوه پردازم ده

یا درد و غمی که داده‌ای، بازش گیر
یا جان و دلی که برده‌ای، بازم ده

۱۳۳۹

تا دیدهٔ دل جانبِ او دوخته‌ام
از خلقِ جهان دیده فرو دوخته‌ام
زین باده‌کشان امید احسانم نیست
چشمی چو پیاله بر سبو دوخته‌ام

●

نیست سَری، کز توپر آشوب نیست
این‌همه هم خوب شدن، خوب نیست
جور و جفا کن، که حبیبِ منی
مهر و وفا، شیوهٔ محبوب نیست!

چشم یاری داشتن از دشمنان بیهوده‌است
دشمنی بوده‌است کارِ دوستان، تا بوده‌است

تا زدم لبخندی از شادی، بلائی در رسید
آسمان را کینه‌ای، با خاطر آسوده‌است

در بستر بیماری

دانستی اگر سوزِ شبانروزِ مرا
دامن نزدی، آتشِ جانسوزِ مرا

از خندهٔ دیروز، حکایت چه کنی؟
بازآی و ببین، گریهٔ امروزِ مرا

مهر ۱۳۴۷

در بیمارستان لندن سروده شد

گردون مرا زِ محنت هستی رها نخواست
مرگم رسیده بود ولیکن خدا نخواست

آمد اجل که از غمِ دل وا رهاندم
اما زمانه از غم و رنجم رها نخواست

۱۵ بهمن ۱۳۴۶

ماثیم که در پای تو، چون خاک رهیم
مدهوش و زدست رفته، از یک نگهیم
با ما شبی از مهر درآمیز، که ما
کم عمرتر از ستارهٔ صُبحگهیم

ناکامی و خشنودی

آن دوست، که ناکامی ما خواسته است
کام دل دشمنان، روا خواسته است

با این همه، خوشدلیم کز راحت و رنج
ما خواسته‌ایم، آنچه خدا خواسته است

شهریور ۱۳۴۷

لعل ناب

خُم گشت به لعلگون شراب آبستن
پیمانه ، بآتشین گلاب آبستن

ابری است صراحی ، که بود گوهر بار
ماهی است قَدح ، بآفتاب آبستن

۱۳۱۸

دیار شب

جانم بفغان چو مرغ شب می‌آید
وز داغ تو ، با ناله بلب می‌آید

آهِ دلِ ما ، از آن غبار آلود است
کاین قافله ، از دیارِ شب می‌آید

۱۳۳۰

خانه بدوش

چون ماهِ نو ، از حلقه بگوشان توایم
چون رودِ خروشنده ، خروشان توایم

چون ابرِ بهاریم ، پراکندهٔ تو
چون زلف تو ، از خانه بدوشان توایم

۱۳۳۵

●

نالهٔ بی اثر

ای ناله ، چه شد در دلِ او تأثیرت ؟
کامشب نبُود یک سرِ مو تأثیرت !

با غیر گذشت و سوخت جانم از رشک
ای آهِ دلِ شکسته ، کو تأثیرت ؟

۱۳۳۰

مَردُم چشم

بی‌روی تو گشت لاله‌گون مَردُمِ چشم
بنشست ز دوریت بخون مَردُمِ چشم

افتادی اگر ز چشمِ مَردُم، چون اشک
در چشمِ منی عزیز، چون مَردُمِ چشم

۱۳۱۹

●

شباهنگ

از آتشِ دل، شمعِ طرب را مانم
وز شعلهٔ آه، سوزِ تب را مانم

دور از لبِ خندانِ تو، ای صبح امید
از نالهٔ زار، مرغِ شب را مانم

۱۳۳۷

جدائی

ای بی خبر از محنتِ روز افزونم
دانم که ندانی از جدائی چونم

باز آی ، که سرگشته تر از فرهادم
دریاب ، که دیوانه تر از مجنونم

۱۳۱۸

اندوه مادر

آسودگی از محن ندارد مادر
آسایشِ جان و تن ندارد مادر

دارد غم و اندوهِ جگر گوشهٔ خویش
ور نه ، غمِ خویشتن ندارد مادر

۱۳۳۹

سوختگان

هر لالهٔ آتشین ، دلِ سوخته‌ای است
هر شعلهٔ برق ، جانِ افروخته‌ای است

نرگس که ز بادِ غم ، سرافکنده بزیر
بینندهٔ چشم از جهان دوخته‌ای است

۱۳۱۷

●

بیدادگری

از ظلم حذر کن ، اگرت باید مُلك
در سایهٔ مَعدلت بیاساید مُلك

با کفر توان مُلك نگه داشت ، ولی
با ظلم و ستمگری ، نمی‌پاید مُلك ✱

۱۳۳۰

✱ ترجمهٔ : «الملك یبقی مع الکفر و لایبقی مع الظلم»

مسعود

مسعود که یافت عزّ و جاه از لاهور
تابید چو نورِ صبحگاه از لاهور

سالارِ سخنوران بتازی و دری است
خواه از همدان باشد و خواه از لاهور

۱۳۴۲

سخن سرای بزرگ «مسعود سعد سلمان» در شهر لاهور تولد یافته و در آن دیار زندگانی را بدرود گفته است، بدین سبب او را لاهوری میخوانند. ولی اصلش از همدان بوده و برخی از تذکره نویسان وی را همدانی میدانند. رباعی فوق در این باب سروده شده است.

راز غنچه

احوال دل، آن زلف دوتا داند و من
راز دلِ غنچه را، صبا داند و من

بی من تو چگونه‌ای، ندانم؟ امّا
من بی تو در آتشم، خدا داند و من

۱۳۴۵

آرزو

کاش امشبم آن شمع طرب می‌آمد
وین روز مفارقت، بشب می‌آمد

آن لب که چو جان ماست، دور از لب ماست
ای کاش که جان ما بلب می‌آمد

۱۳۰۶

کو همنفسی که بویِ درد آید از او
صد پاره دلی که آهِ سرد آید از او

میسوزم و لب نمی‌گشایم که مباد
آهی کشم و دلی بدرد آید از او

●

گلُ نیست چنین سَرکش و رعناکه توئی
مَه نیست بدینگونه فریبا که توئی

غَم بر سر غَم ریخته آنجا که مَنم
دل بر سَر دل ریخته آنجا که توئی

آخرین سرودهٔ رهی در بستر بیماری که به کلی معیری دیکته شده است

وعدهٔ خلاف

ندانم کان مهِ نامهربان، یادم کند یا نه؟
فریب انگیز من، با وعده‌ای شادم کند یا نه؟

خرابم آنچنان، کز باده هم تسکین نمی‌یابم
لبِ گرمی شود پیدا که آبادم کند یا نه؟

صبا از من پیامی ده، بآن صیادِ سنگین دل:
که تا گل در چمن باقی است، آزادم کند یا نه؟

من از یادِ عزیزان، یک نفس غافل نیم اما
نمیدانم که بعد از من، کسی یادم کند یا نه؟

رهی، از ناله‌ام خون میچکد، اما نمیدانم
که آن بیدادگر، گوشی بفریادم کند یا نه؟

آبان ماه ۱۳۴۷

بر لای سنگ مزارم سروده ام

لِلا، ای رهگذر، کز راه یاری   قدم بر تربیت ما میگذاری
در اینجا، شاعری غمناک خفته است   رهی در سینه اش خاک خفته است
فرو خفته چو گل، با سینهٔ چاک   فروزان آتشی، در سینهٔ خاک
بنه مرهم ز اشکی داغ ما را   بزن آبی بر این آتش خدا را
به شبها، شمع بزم افروز بودم   که از روشندلی چون روز بودم
کنون شمع مزاری نیمه تاری ام   چراغِ شامِ تاری نیمه تاری ام
سر افکنی نهان زجانِ دردناکم   بر افکنی پر توی، بر تیره خاکم
ز سوزِ سینه، یاد ما هم کن
چو بینی عاشقی، یاد رهی کن

این شعر پس از فوت من بر سنگ مزارم حک شود، و در پایان کتاب نیز هم
چاپ شود.   رهی معیری

توضیحات

در صفحهٔ «۴۳» آخرین مصراع غزل (با تغییر ردیف آن) از خواجه تضمین شده ، اصل مصراع حافظ چنین است .

« از دور بوسه بر رخ مهتاب میزدم »

●

در صفحهٔ «۵۲» آخرین مصراع غزل « با اندك تغییری » از سعدی تضمین شده ، اصل مصراع شیخ چنین است :

« همه گویند و سخن گفتن سعدی دگر است »

●

در صفحهٔ «۱۱۵» مصراع چهارم (با مختصر تغییری) از مسعودسعد سلمان تضمین شده ، اصل مصراع مذکور چنین است :

« چو از زمانه بهار و چو از بهار چمن »

●

صفحهٔ «۱۲۲» منظومهٔ (خلقت زن) .

در این زمینه در ادبیات خارجی نیز آثاری وجود دارد .

●

صفحهٔ « ۱۳۱ » موضوع قطعهٔ (سوگند) از اشعار هندی اقتباس شده است .

●

صفحهٔ « ۱۳۸ » منظومهٔ (رازشب) از ترانه‌های بیلیتیس اقتباس گردیده ولی تغییراتی در آن داده شده است .

●

صفحهٔ « ۱۵۰ » موضوع قطعهٔ (نیروی اشك) از ادبیات هندی اقتباس گردیده ولی در آن قطعه نیز تغییراتی داده شده است .

فهرست اشعار

فهرست غزل‌ها بترتیب حروف الفبا

حرف «الف»

صفحهٔ	
۴۸ »	سرای چون تو گُلی گرچه‌نیست خانهٔ ما
۷۱ »	آب بقا کجا و لب نوش او کجا
۷۷ »	همچو مجنون گفتگو باخویشتن بایدمرا
۸۰ »	همراه خود نسیم صبا میبرد مرا
۸۲ »	ساختم با آتش دل ، لاله زاری شد مرا
۸۸ »	گرچه روزی تیره تر از شام غم باشد مرا
۱۱۰ »	ای بادهٔ نوشین ، نگشانی دل ما را

حرف «ب»

۶۴ »	یافتم روشندلی از گریه های نیمشب
۱۰۷ »	نوای آسمانی آید از گلبانگ‌رود امشب

حرف «ت»

۹ »	این سوز سینه ، شمع‌شبستان نداشته‌است
۲۰ »	ترا خبر ز دل بیقرار باید و نیست

	صفحهٔ
ساقیا در ساغر هستی شراب ناب نیست	» ۲۲
در قدح عکس تو یا گُل در گُلاب افتاده است	» ۲۸
آتشین‌خوی مرا، پاس دل من نیست نیست	» ۳۶
مارا دلی بود که ز دنیای دیگر است	» ۴۶
رفتند اهل صحبت و یاری پدید نیست	» ۵۰
چون شفق گرچه مرا باده ز خون جگر است	» ۵۲
خاطر بی‌آرزو، از رنج یار آسوده است	» ۵۵
عاشق از تشویش دنیا وغم دین فارغ است	» ۶۱
شکسته جلوهٔ گُلبرگ از بر و دوشت	» ۶۵
او را برنگ و بوی نگویم نظیر نیست	» ۶۹
زندگی بر دوش ما، بارگرانی بیش نیست	» ۷۰
رخم چو لاله زخون‌نابدیده، رنگین است	» ۸۶
بر خاطر آزاده، غباری ز کسم نیست	» ۹۸
ستاره، شعله‌ای از جان دردمند من است	» ۱۰۵
کنج غم هست، اگر بزم طرب جایم نیست	» ۱۱۱

●

حرف «ح»

گر شود آنروی روشن جلوه‌گر هنگام صبح	» ۴۴

●

حرف «د»

ساقی بده پیمانه‌ای از آن می که بی‌خویشم کند	» ۶
ز جام آینه گون، پرتو شراب دمید	» ۳۲

۲۲۹

صفحهٔ	
۳۷ »	دل من ز تابناکـی ؛ بشراب ناب ماند
۴۲ »	لاله دیدم ، روی زیبای توام آمد بیاد
۶۸ »	از صُحبت مــردم ، دل نـاشاد گریزد
۷۳ »	دوش تا آتش می ، از دل پیمانه دمید
۷۴ »	عیبجو دلدادگان را سرزنش هـا میکند
۷۵ »	غُنچــهٔ نـو شکفته را مـاند
۷۸ »	سیاهکاری ما ، کم نشد ز موی سپید
۹۰ »	بی روی تو ، راحت ز دل زار گریزد
۹۱ »	بسوی ما گذار مردم دنیا نمی افتد
۹۲ »	نسیم وصل بافسردگان چه خواهد کرد
۹۳ »	زلف ورخسار تو ، ره بر دل بیتاب زنند
۱۰۴ »	بخت نافرجام اگر با عاشقان یاری کند
۱۰۸ »	نسیم عشق ، ز کوی هوس نمی‌آید
۱۱۲ »	فارغ دلان ، ز لذت غم دور بوده‌اند

●

حرف «ز»

۳۴ »	رفت و نرفته نکهت گیسوی او هنوز
۵۴ »	مُردم از درد و نمی‌آئی بیالینم هنوز

●

حرف «ش»

۸۳ »	بروی سیل گشادیم راه خانهٔ خویش

صفحهٔ	

حرف «ك»

| ۱۵ » | تابد فروغ مهر و مه از قطره های اشك |
| ۱۰۶ » | چون صبح نودمیده ، صفاگستر است اشك |

حرف «ل»

| ۱۲ » | همچو نی ، مینالم از سودای دل |

حرف «م»

۵ »	اشکم ولی بپای عزیزان چکیده‌ام
۷ »	با دل روشن در این ظلمت سرا افتاده‌ام
۱۰ »	آنقدر با آتش دل ساختم تا سوختم
۱۱ »	نه بشاخ گل ، نه برسرو چمن پیچیده‌ام
۱۳ »	درپیش بی‌دردان چرا فریاد بیحاصل کنم
۱۴ »	نداند رسم یاری ، بیوفا یاری که من دارم
۱۷ »	زبون خَلق ، زخُلق نکوی خویشتنم
۲۱ »	بر جگر داغی ز عشق لاله روئی یافتم
۲۴ »	هر چند که درکوی تو مسکین و فقیریم
۲۵ »	چو نی بسینه خروشد دلی که من دارم
۲۶ »	با عزیزان در نیامیزد دل دیوانه‌ام
۲۹ »	نه راحت از فلک جویم نه دولت از خدا خواهم

۲۳۱

صفحهٔ	
۳۰ »	لالهٔ داغدیده را مانم
۳۳ »	آنکه سودا زدهٔ چشم تو بوده است منم
۳۸ »	چو گُل ز دست تو ، جیب دریده‌ای دارم
۴۱ »	مرغ خونین ترانه را مانم
۴۳ »	ما نقد عافیت ، به می ناب داده‌ایم
۴۹ »	شب یار من تب است و غم سینه سوز هم
۵۱ »	ما نظر از خرقه پوشان بسته‌ایم
۵۸ »	یاد ایامی که در گُلشن فغانی داشتم
۶۰ »	دوش چون نیلوفر از غم پیچ و تابی داشتم
۶۲ »	ز خون رنگین بود چون لاله دامانی که من دارم
۶۳ »	چون شمع نیمه جان بهوای تو سوختیم
۶۶ »	رفتیم و پای بر سر دنیا گذاشتیم
۷۲ »	تا گریزان گشتی ای نیلوفری چشم از برم
۷۶ »	تا قیامت میدهد گرمی بدنیا آتشم
۸۵ »	بسکه جفا ز خار و گُل دید دل رمیده‌ام
۹۴ »	ز کینه دور بود ، سینه‌ای که من دارم
۹۵ »	دور از تو هر شب تا سحر ، گریان چو شمع محفلم
۱۰۱ »	گه شکایت از گُلی گه شکوه از خاری کنم
۱۰۹ »	مستیم و ساز بی خبری ، ساز کرده‌ایم

●

حرف «ن»

| ۳۹ » | بگوش همنفسان ، آتشین سرودم من |

	صفحهٔ
تا دامن از من کشیدی ای سرو سیمین تن من	۵۶
منع خویش از گریه و زاری نمی‌آید ز من	۸۱
نی افسرده‌ای هنگام گُل روید ز خاک من	۸۹
هر شب فزاید، تاب و تب من	۹۹

●

حرف «و»

وای از این افسردگان، فریاد اهل درد کو	۹۶
حال تو روشن است، دلا از ملال تو	۱۰۰

●

حرف «ی»

چون زلف تو ام جانا در عین پریشانی	۴
نه دل مفتون دلبندی، نه جان مدهوش دلخواهی	۸
گر بچشم دل جانا، جلوه‌های ما بینی	۱۶
خیال‌انگیز و جان‌پرور چو بوی گُل سراپائی	۱۸
ز گرمی بی‌نصیب افتاده‌ام چون شمع خاموشی	۲۷
اشک سحر زداید، از لوح دل سیاهی	۳۵
ای صبح نو دمیده، بناگوش کیستی	۴۰
چرا چو شادی از این انجمن گریزانی	۴۷
شب این سر گیسوی ندارد که تو داری	۵۳
بهَرِ هر یاری که جان دادم بپاس دوستی	۵۹
دگر ز جان من ای سیمبر چه میخواهی	۸۴

۲۳۳

صفحهٔ	
۸۷ »	تو سوز آه من ای مرغ شب چه میدانی
۹۷ »	دل زود باورم را ، بکرشمه‌ای ربودی
۱۰۲ »	من کیستم ، ز مردم دنیا رمیده‌ای

فهرست تغزلات

صفحهٔ	
۱۲۰ »	بنگر آن ماه روی باده فروش
۱۱۴ »	بنفشه زلف من ای سرو قد نسرین تن
۱۱۶ »	ای مشک‌سوده ، گیسوی آن سیمگون تنی
۱۱۸ »	هوشم ربوده ، ماه قدح نوشی

فهرست منظومه‌ها و مثنویات

عنوان	مصراع اول	صفحهٔ
خلقت زن	کیم من، دردمند ناتوانی	۱۲۲
گنجینهٔ دل	چشم فرو بسته اگر واکنی	۱۲۸
سوگند	لاله روئی بر گُل سرخی نگاشت	۱۳۱
گُل یخ	بدیماه کز گشت گردان سپهر	۱۳۲
شبی در حرم قدس	دیده فرو بستم از خاکیان	۱۳۴
راز شب	شب چو بوسیدم لب گُلگون او	۱۳۸
سنگریزه	روزی بجای لعل و گُهر، سنگ ریزه‌ای	۱۴۰
ساز محجوبی	آنکه جانم شد نواپرداز او	۱۴۳
مریم سپید	عروس چمن، مریم تابناك	۱۴۶
بهار عاشق	روان پرور بود خرم بهاری	۱۴۸

فهرست قطعات

عنوان	مصراع اول قطعه	صفحهٔ
نیروی اشك	عزم وداع كرد جوانی بروستای	۱۵۰
نابینا وستمگر	فقیركوری با گیتی آفرین میگفت	۱۵۲
دشمن و دوست	دیگران ازصدمهٔ اعدا همی نالند و من	۱۵۳
شاخك شمعدانی	تو ای بی بها شاخك شمعدانی	۱۵۴
ابنای روزگار	یاری از ناكسان امید مدار	۱۵۶
موی سپید	رهی، بگونهٔ چون لاله برگ غره مباش	۱۵۷
كمند حادثه	اعرابی بدجله كنار از قضای چرخ	۱۵۸
پاداش نیكی	من نگویم ترك آئین مروت كن ولی	۱۶۰
راز داری	خویشتن داری و خموشی را	۱۶۱
زندانی حصار نای	سخنورا ،سخنی سازكن ستاره شكوه	۱۶۲
همت مردانه	دردام حادثات زكس یاوری مجوی	۱۶۶
پاس ادب	پاس ادب ، به حد كفایت نگاه دار	۱۶۷
مایهٔ رفعت	اگر زهر خَس و خاری ، فراكشی دامن	۱۶۸
سایهٔ اندوه	هرچه كمتر شود فروغ حیات	۱۶۸
راز خوشدلی	حادثات فلكی، چون نه بدست من و تُست	۱۶۹
سخن پرداز	آن نواساز نوآئین،چو شود نغمه سرای	۱۶۹
مطایبه	عمری از جور چرخ مینا رنگ	۱۷۰
كالای بی بها	سرایندهای ، پیش دانندهای	۱۷۲

فهرست ابیات پراکنده

		صفحهٔ
باید خریدارم شوی	باید خریدارم شوی، تا من خریدارت شوم	» ۱۷۴
راز نهفته	ز درد عشق تو، با کس حکایتی که نکردم	» ۱۷۴
نیش و نوش	کس بهره از آن تازه بر و دوش ندارد	» ۱۷۵
تلخکامی	داغ حسرت سوخت جان آرزومند مرا	» ۱۷۵
دریای تهی	در جام فلک، بادهٔ بی درد سری نیست	» ۱۷۶
رنج زندگی	هزار شکر، که از رنج زندگی آسود	» ۱۷۶
چشم نیلی	نیلگون چشم فریب انگیز رنگ آمیز تو	» ۱۷۷
اشک و آه	عمری چو شمع، گریهٔ جانسوزی می کنیم	» ۱۷۷
آتش گل	چو من ز سوز غمت، جان کس نمی سوزد	» ۱۷۸
آهنگ جدائی	از برم آن سرو بالا می رود	» ۱۷۹
خواب آشفته	هستی چه باشد؟ آشفته خوابی	» ۱۸۰
گنجینهٔ گوهر	نوبهار هزار خرمن گل	» ۱۸۲
از رهی به خلیلی	درد که نیست جز غم و اندوه، یار من	» ۱۸۳
طوفان اشک	ز گریه، دوش نیاسود، چشم تر بی تو	» ۱۸۶
غبار مشکین	نه وعدهٔ وصلم ده؛ نه چارهٔ کارم کن	» ۱۷۷
سایهٔ مژگان	چشم تو، نظر بر من بیمایه فکنده است	» ۱۸۸
رنگ محبت	برد آرام دلم، یاد دلارام کجاست؟	» ۱۸۹
نیرنگ نسیم	نرم نرم، از چاک پیراهن، تنش را بوسه داد	» ۱۹۰
نیلوفر وحشی	صبحدم چون لاله برگی، در چمن افتاده بود	» ۱۹۰

		صفحهٔ
فریب	چارهٔ من نمی‌کنی ، چون کنم و کجا رم ؟ » ۱۹۱
داغ جانسوز	نگذرد بر من شبی ، کز داغ روز افزون ننالم » ۱۹۱
جلوهٔ ناز	تو و بالا و رویان، گلِ زشاخ عیش چیدنها » ۱۹۲
	نه باک از دشمنان باشد، نه بیم از آسمان ما را » ۱۹۳
	از مَحبت نیست، گر باغیر، آن بَدخو نشست » ۱۹۳
	ای که پس از هلاک من، پای نهی به خاک من » ۱۹۳
	نَفسی یار من زار نگشتی و گذشت » ۱۹۳
	از نِگاهی می نشیند بر دل نازک غبار » ۱۹۴
	خَموش باش ، گرت پند می‌دهد عاقل » ۱۹۴
	مَحبت ، آتش کاشانه سوز است » ۱۹۴
	نیایدم گلها از خوی این و آن کردن » ۱۹۴
	گر فلک نشناخت قدر ما، رهی عیش مکن » ۱۹۵
	لاله رویی نیست تا در پای او سوزم ، رهی » ۱۹۵
	خیال روی ترا می‌برم به خانهٔ خویش » ۱۹۵
	هما ، بکلبهٔ ویران ما نمی‌آید » ۱۹۵
	هایهای گریه در پای توام آمد بیاد » ۱۹۶
	برون نمیرود از خاطرم خیال وصالت » ۱۹۶
	یاری که داد برباد آرام و طاقتم را » ۱۹۶
	هر شبم، از اشک خونین، گل بدامان باد و هست » ۱۹۷
ره آورد رهی		
بهزاد افسونگر	آن خداوند هنر ، و آن نامور استاد رفت » ۲۰۰
آشوب انجمن	مرو که بادولبت گفتگوی من باقی است » ۲۰۲
جمال پرست	نه من پرستش روی نکو نمایم و بس » ۲۰۴

فهرست رباعیات

عنوان	صفحه	مصرع
تمنای عاشق	۲۰۶	آن را که جفاجوست، نمی باید خواست
بی خبری	۲۰۶	مستان خرابات، ز خود بی خبرند
آشیان سوز	۲۰۷	ای جلوهٔ برق آشیان سوز تو را
آئینهٔ صبح	۲۰۷	داریم دلی، صافتر از سینهٔ صبح
نوشین لب	۲۰۸	گلبرگ به نرمی چو برو دوش تونیست
افسونگر	۲۰۸	یا عافیت از چشم فسون سازم ده
	۲۰۹	تا دیدهٔ دل جانب او دوخته ام
	۲۰۹	نیست سری، کز تو پر آشوب نیست
	۲۱۰	چشم یاری داشتن از دُشمنان بیهوده است
	۲۱۱	دانستی اگر سوز شبانروز مرا
در بستر بیماری	۲۱۱	گردون مرا ز محنت هستی رها نخواست
	۲۱۲	مائیم که در پای تو، چون خاک رهیم
ناکامی و خشنودی	۲۱۲	آن دوست که ناکامی ما خواسته است
لعل ناب	۲۱۳	خُم گشت به لعلگون شراب آبستن
دیار شب	۲۱۳	جانم به فغان چو مرغ شب می آید
خانه بدوش	۲۱۴	چون ماه نو از حلقه بگوشان نوام
نالهٔ بی اثر	۲۱۴	ای ناله، چه شد در دلِ او تأثیرت
مَردُمِ چشم	۲۱۵	بی روی تو گشت لاله گون مَردُمِ چشم

		صفحهٔ
شباهنگ	از آتش دل شمع طرب را مانم »	۲۱۵
جدائی	ای بی خبر از محنت روز افزونم »	۲۱۶
اندوه مادر	آسودگی از محن ندارد مادر »	۲۱۶
سوختگان	هر لالهٔ آتشین ، دل سوخته‌ای است »	۲۱۷
بیدادگری	از ظلم حذر کن ، اگرت باید مُلک »	۲۱۷
مسعود	مسعود که یافت عَز و جاه از لاهور »	۲۱۸
راز غنچه	احوال دل ، آن زلف دو تا داند و من »	۲۱۹
آرزو	کاش امشبم آن شمع طرب می‌آمد »	۲۱۹
	کو همنفسی که بوی درد آید از او »	۲۲۰
	گُل نیست چنین سرکش و رعنا که توئی »	۲۲۰

فرهنگ برخی از لغات و اصطلاحات

اَیاغ	ساغر، پیاله
بوم	جُغد، سرزمین
پایاب	آبی را گویند که پای بر زمین آن برسد، طاقت و تحمل را نیز گویند
پرنیان	حریر، دیبای لطیف
پویه	رفتار تند، دویدن
تاک	درخت انگور
تَک	بشتاب راه رفتن، دویدن
جَعد	موی پرچین و شکن
جَیب	گریبان
خَس	خاشاک، مردم دون و فرومایه
خوان	خوردنی، سفره، طبق بزرگ
خیره	بی حیا، بی سبب و بیهوده
دِژم	تیره، و اندوهناک

دریوزگی	گدائی
دیوسار	دیومانند
رحیق	ناب، بادهٔ ناب
رِدا	بالاپوش ، عبا ، خرقه
ریمنی	حیله‌گری ، کینه وری
زبون	خوار ، ضعیف ، گرفتار
زی	سوی ، جانب
سفله	ناکس و فرومایه
سگ دلان	کنایه از آزار دهندگان
سَهی	راست ، تازه و نوجوان
شاهدعلوی	معشوق آسمانی
شبرو	دزد ، عیار
شراد	جرقه
شرر	»
شنبلید	گیاهی است که گلهای زرد دارد
صُراحی	شیشه و کوزهٔ گردن دراز
طایر	پرنده ، مرغ
طُرفه	نادر ، غریب ، شگفت انگیز
غِرّه	فریفته ، غافل

قَصَب	نی، جامه‌ای که از کتان و ابریشم بافند
کید	مکر و حیله
کین توزی	کینه ورزی
گنجُور	خزانه دار
مانا	گوئی، پنداری، ماند
مردم اوبار	مردم‌خوار
مارِ گَرزه	ماری است سر بزرگ و کشنده
مصاف	جنگ، نبرد، رزمگاه
مُل	شراب انگوری
مینا	آبگینه، آبی آسمانی
نَبَهره	قلب و ناسره، دون و فرومایه
نبید	باده، شراب
نخجیر	شکار
نکهت	بوی خوش
نیلوفر	گُلی است که در آبدان‌ها و استخرها می‌روید، نوعی از پیچک‌ها را نیز گویند
نیلوفری	نیلی، کبود
وادی	بیابان. صحرا، دشت

۲۴۳

The Shadow of Life
[Persian Language]

Poems by
Rahi Moayeri

Ibex Publishers,
Bethesda, Maryland